JN189051

葉山・鎌倉
カフェストーリー

MARU

はじめに

都会から海へ、山へ

それぞれの空気、それぞれの海

森戸海岸から見る、富士の姿
御用邸の持つ高貴な雰囲気
日本の心、澄んだ空気が漂う葉山

素朴な人が行き交う駅前から
海へ続く道
日常と非日常が交差する逗子

気高き古都の空気が残る
海と山に囲まれた街に暮らす人々
旧暦、星暦が生きている鎌倉

隣り合った町だけど表情の違う町
そこにあるカフェが伝えてくれたのは
その町の人たちが編んできたそれぞれの素敵なストーリー
写真を見て、物語を読んで、気になったなら
ぜひ、訪れてみてほしい

そこにはきっと
あなたが今望む優しさが待っていたり
新たな風が吹いてきたりするはずだから

もくじ

鎌倉

HAYAMA
葉山

都会人の求める豊かさの全て

夜明け前の薄青の海に浮かぶ富士。日本が誇る絶景に間違いなく数えられる景色だ。

「葉山は東京から一番近い田舎だよ」と教えてくれる人がいたが、実際に足を踏み入れてみるとそこには、都会と田舎が交差する類を見ない文化が、晴れた日の海のさざ波に反射する光のように静かな輝きを放っている。そして、このエリアにあるカフェもまた、都会のそれとも、田舎のそれとも言えない独特な雰囲気を醸し出していた。

この街の洗練は都会のそれだ。業界の第一線で働いている人や、リタイヤ後の生活をゆったりと送る人たちの多いこの街でカフェを営む人たちもまた、都心を巡って辿り着いた人が多い。ゆったりとした空間の中で、各業界の第一線の会話が繰り広げら

れ、カフェでの交流がまた、新たなブームを生み出すような傾向がある。が、都会特有の尖った空気や競争心はそこにはない。季節と共に優しく過ぎていく時間を、洗練された人たちが心から味わっている。住む人にとっても、カフェを開く人にとっても、理想郷なのかもしれない。

この街の穏やかさは田舎のそれだ。夏になると、子供たちが虫取り網を持って走り回ったり、水着のまま家から海へと繰り出したり。外壁にシャワーが設置されている家やシーカヤック、サーフボードが立てかけられている家も多く、海との交流の深さが伝わってくる。

洗練と穏やかさ。そのすべてが、都会に生きた人たちが求め、辿り着く真の豊かさだと知るまでに、そう時間はかからなかった。

葉山パッパニーニョ

「僕ほどコーヒーを飲んできた人間はいないと思うんですよ」
その言葉は決して大げさではない。彼は、日本サッカー界の殿堂入りを果たした二宮寛さんその人。ローマオリンピック予選の準備でイタリアに遠征した時、初めてコーヒーに出合い、それからもう60年もコーヒーに親しんでいるのだから。
元日本代表サッカー選手で監督が葉山でカフェを開いた……と聞くと、悠々閑々ライフをイメージする人もいるかもしれない。しかし、彼がカフェを通じて、大きな使命を果たそうとしているのだとすぐに気づいた。
「個人が心のゆとりを取り戻してエネルギーを蓄える効果が一杯のコーヒーにはある。そして、コー

コーヒーブレイクの真骨頂
集い、生まれる、心の交流

ヒーを味わいながら人との心の交流が起きる。欧州では、コーヒーを飲みながら地域の問題や活性化について議論をするのが日常なんです。街の変化の中心にはいつもコーヒーがあるんですよ。日本にはまだ本物のコーヒーと文化の関わりは伝わっていないけれどそれこそ今の日本に必要なこと。誰かが伝えていかないと」

研ぎ澄まされた直感で話題を見つけ世間話に花を咲かせ20年近くになった。

席に座ると、アロハシャツ姿の二宮さんがワゴンをゴトゴトと押して客席へとやってきて、まるでショーのように軽やかな手つきでコーヒーを淹れてくれる。

目の前で落ちる琥珀色の雫が、豊かな香りを放ち、客席から歓声

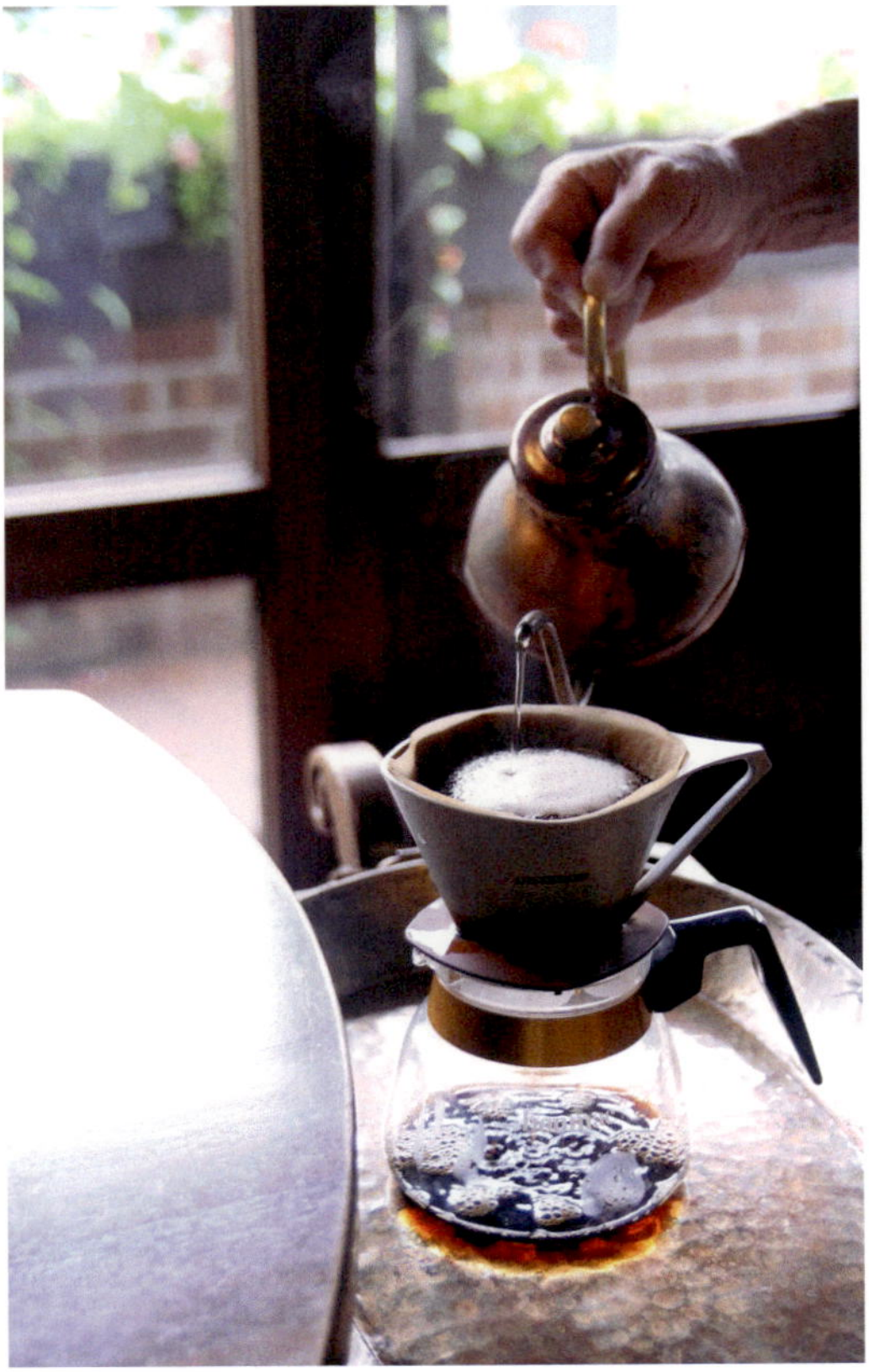

があがる。二宮さんはそんな客の様子をいつも注意深く観察しながら、言葉を交わし、もてなす。「最高の時間を提供し、心のゆとりを回復し、人と人が交流する媒体としてのコーヒーを楽しんでほしい」というその信念を、あくまでもやわらかく彼の流儀で貫いていた。

客は、自然と笑顔になり、ゆとりを取り戻し、会話に花を咲かせる。そこには、二宮さんの伝えるコーヒーブレイクがあった。

〒240-0111
神奈川県三浦郡葉山町一色1940
tel・046-875-9924
10時〜18時
休・水曜
P・8台
MAP・P139

パッパニーニョブレンド 500円
カイザーブレンド 600円
コーヒーゼリーとコーヒーのセット
1000円
コーヒーとフラッペのセット
1000円
ブランチ 1500円

engawa cafe & space

エンガワ カフェアンドスペース

昭和天皇の侍医頭《じいのかみ》、塚原伊勢松の屋敷だった築80年の美しい平屋にある気品ある縁側。その窓は、鮮やかな緑で色どられていた。

古くて上質なものに囲まれていたいという思いから、葉山で古民家を探し、この建物の美しさに一目惚れした寺田さんは「出合ってしまったから」と笑った。

葉山で生まれ、山に憧れて長野の蓼科で「四季の森ホテル」を立ち上げた母とは対象的に、祖母の暮らす葉山で、海と縁側のカフェをスタートさせた。実家で磨いた接客技術とフレンチ料理でもてなしていたが、自身が母親になったこともあり、「子どもたちに、日本古来の暮らしや美しいものを伝えたい」という思いが芽生えた。親子メニューも考案し、曜日ごとに

時を重ね、思い出を重ねる
やわらかな陽だまりの縁側で

イベントなども開催するようになると、格式高い邸宅の空気感は、温かい雰囲気を持つ陽だまりの縁側へと変わっていった。

すると、訪れる人たちの層にも変化が現れた。家族連れやカップル、友人同士など、カフェを愛する人たちが、ネットなどで見た写真の空気感に惹かれて訪れるようになり、世代をまたいで楽しまれている。

月曜日は不定期で「NPO法人葉山っ子すくすくパラダイス」による親子イベントを開催。金曜日は「ぱぱままカフェの日」とし、小さい子供のいるファミリーを優先するなど、畳と縁側のある暮らしを次世代に伝えている。

もちろん、一人で訪れるのもよい。三浦の無農薬野菜を使った料

理や自慢の縁側ブレンドを楽しんだ後は、手吹きの古ガラスから覗く庭の緑を眺める。障子越しに差し込むやわらかな光に包まれると、心が鎮まっていくようだ。この懐かしさは、和のDNAのせいかもしれない。

〒240-0111
神奈川県三浦郡葉山町一色1664-1
tel・046-827-7188
火〜金曜　11時30分〜15時(OS14時)
※月曜は子供向けのイベントを不定期で開催
休・土・日曜
※月に数回週末営業日あり。要確認
P・なし　MAP・P139

縁側ブレンド 540円
紅茶 540円
特性デミグラスソースの和風オムライス御膳 1620円

鴫立亭 葉山店

シギタツテイ

「心なき身にもあはれは知られけり鴫立つ沢の秋の夕暮れ」

平安時代に西行が詠んだ歌にちなんだ店名にしっくりくる重厚な洋館。一歩中に入ると、オーナーパティシエ山岸毅《たけし》さんの手から生まれるこだわりのケーキがずらりと並んでいた。シンプルでいて美しく並んだケーキに心がおどる。

「本物を目指すほどに、内側へと向かっていきます。派手な装飾よりも、味、香りにこだわる。一つひとつのケーキに合った生地を考え抜いて、比類ないものを生み出しています」と店長。

自慢のモンブランには、北海道産生クリームとフランス産のマロンペースト、和栗を閉じ込めた。練りこまれた渋皮やパイ生地のアーモンドが、栗のあらゆる味

40年の歴史と技術がもたらす
幸せ味のモンブラン

わいを口いっぱいに届けてくれる。幸せな味。この道40年、多くのパティシエの尊敬を集める山岸さんの丁寧な味わいだ。

このモンブランを食べてからというもの、「モンブランと言えば鳴立亭でしょう」と、あちこちで吹聴するようになったのは、他でもないこの私だ。

〒240-0111
神奈川県三浦郡葉山町一色1964
tel・046-876-1682
10時～18時
（月曜は～17時30分）
休・火曜
P・5台　MAP・P139

ホットコーヒー 550円
ホットティー 550円
モンブラン 540円
サバラン 440円

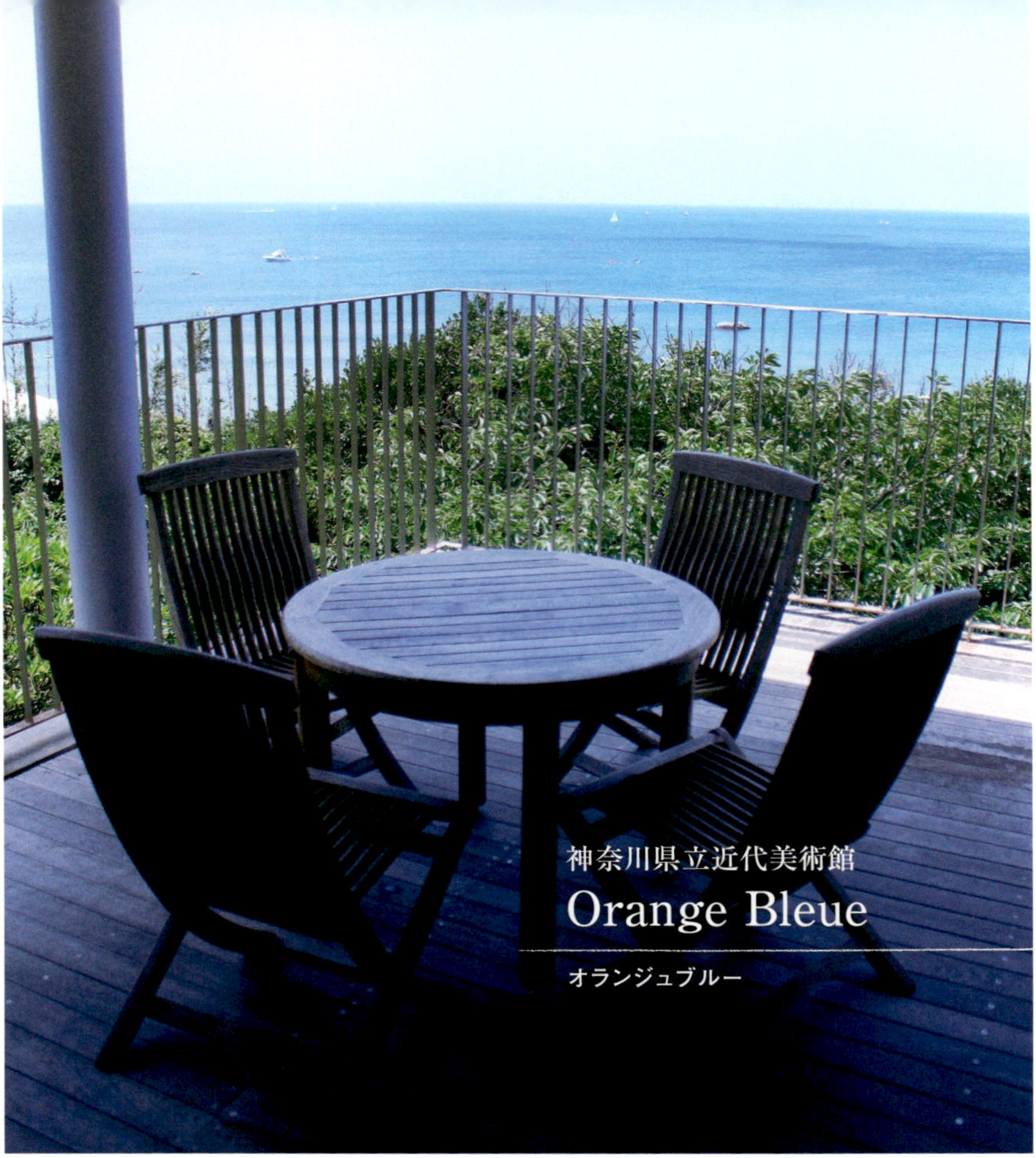

海辺の美術館でアートの世界に浸ったら、併設のカフェで空の色を写した海の景色に見とれ、フレンチをいただく。しおさい公園を散歩して、富士山に沈む夕日を眺める。これこそ、理想的な休日だと思う。

2003年10月に生まれた神奈川県立近代美術館は、最新の照明や多彩な視聴覚設備を備えたモダンな美術館。併設されている「オランジュ・ブルー」は、ガラス張りの窓際にだけ席を設け、海を美術品のように眺められる設計になっている。

さらにロシア展ではボルシチ風シチュー、フィンランド展ではサーモンを使った料理など、展示の内容に合わせて年4回メニューを更新。世界各国からやってくる、

青が橙に変わるまで
ずっと眺めていたい海と空

珍しい美術品とその国の文化を堪能できるとは、なんとも憎い演出をするものだ。
よく晴れた日のテラス席に座り、水平線を見渡す。海に沈む夕日をイメージしたオリジナルソフトドリンク「オランジュ・ブルー」を片手に、潮風に吹かれながらしばし日常の喧騒を忘れていた。

〒240-0111
神奈川県三浦郡葉山町一色2208-1
神奈川県立近代美術館 葉山１Ｆ
tel・046-875-0919
10時〜17時
休・月曜（祝日の場合は営業）
P・あり　MAP・P139

コーヒー 500円
オランジュ・ブルー 600円
シーフードカレー 1900円
スペシャルランチ 3600円

プリンショップ&カフェ マーロウ 葉山店

ダンディな『マーロウおじさん』がプリントされたビーカーに詰まったプリンがショーケースにズラリと並ぶ姿に心が躍った。

葉山・逗子に4店舗を展開しているプリンカフェ。葉山店はウッディなテラスでプリンが楽しめる。イートインでは、ビーカーからプリンを出して提供しているので、マーロウおじさんを持ち帰れない。そのかわりリーズナブルに味わえる。さらに「この店舗では平日のみおかわりプリンがお楽しみいただけます」と。

マーロウといえば、大きなビーカーに入ったたっぷりのプリン。関東ではデパ地下などでも販売されているが、カフェでお皿に出していただくプリンはまた格別だ。テラスや店内の雰囲気も落ち着いている。

取材を理由にふんぱつしてビー

マーロウおじさんに会いにいく
テラスで味わう、手作り焼きプリン

カープリンとパーティープリンを持ち帰り、プリンパーティーを開いてみた。21センチガラス皿のパーティープリンは、プリン好きにはたまらない出で立ち。皆、笑顔で幸せな気持ちになった。

〒240-0112
神奈川県三浦郡葉山町堀内2038-10
tel・046-875-0412
10時〜19時
休・水曜
P・12台
MAP・P139

ブレンドコーヒー 594円
北海道フレッシュクリームプリン
810円
ティラミスプリン 1026円
プリンセットドリンク付き 1080円

The Gazebo

ザ・ガゼボ

洗練されているのに素朴で、情熱的なのに穏やか……葉山という街の魅力を伝える「見晴台」という意味を持つ名の空間がある。

発信源は、宇式《うしき》伸介さん、菜穂子さん夫婦だ。大学の同級生で、海と国内外の食べ歩きが大好きだった二人は「好きなものを掛け合わせた何か」を探していた。「そんなとき、海辺で過ごすディスティネーションホテルの構想が浮かび出たんです」。一つの夢に向かって動き出した二人は、軽井沢を本拠地とするリゾート会社で経験を積んだ。

葉山は憧れの場所だったが、ある不動産屋との縁でその空間に出合ったとき、「やりたいイメージそのものだったから」と即決。憧れの地が夢の拠点になった。

洗練の街と人を見守る
見晴台での、ものがたり

立ち上げ前には「どんな人たちに来てほしいのか」「どんな雑誌で紹介される店にしたいか」など徹底的にブレストし、大人が通いたくなる場所を目指した。軽井沢で磨いた高いおもてなしの意識は存分に生かされ、「気の置けなさ」と「きちんと」が同居する、稀有な空間が生まれていた。

ビーチフードという造語を作り、海外を回って試行錯誤しながら完成させた看板メニューのフィッシュ&チップスは、定番と旬の2種類。地物のサメやシイラをはじめ、日本各地から仕入れた新鮮な魚が、金色に輝いて美味しい香りを放ち食欲を誘う。併設のゼネラルストアには、菜穂子さん厳選の雑貨や洋服が並び、海と山に囲まれた葉山での生活を想わせる。

2016年春からは、二人の夢であるディスティネーションホテルへの道筋として、これまでの経験を生かし、宿泊業のサポートもスタートした。今では、葉山をはじめ各地の宿泊施設の開業・運営サポートを手がけている。葉山の見晴台・The Gazeboを拠点として、進みだした二人の向かう先に、新しい葉山の過ごし方がある。

〒240-0112
神奈川県三浦郡葉山町堀内387
tel・046-874-9663
11時30分～15時、17時30分～21時
（日曜は9時～15時、17時30分～20時）
休・水曜、第３火曜
P・1台　MAP・P139

ドリップコーヒー 360円
フィッシュ＆チップス
　スタンダード２ピース 840円～
フィッシュ＆チップススペシャル
　970円～
ガゼボオリジナルカレー 1080円

Days 386

デイズ サンハチロク

「葉山に土地勘もなく、立地が良いのかどうかもわからないのに、扉を開いた瞬間『あ、ここだ』と思いました」

武宮慎太郎さんが穏やかな口調でカフェオープンのいきさつを語った時、私は大きく頷いていた。なぜなら、私もこのカフェの扉を開けた時、この空間に恋をしたからだ。

横浜市出身の武宮さん。バンド活動をする一方で、横浜の中心部にあるカフェで料理やカフェ経営を学んだ。併設のイベントスペースで、ライヴやアーティストの個展などをプロデュースするうちに「自分がやりたい」と思うカフェに思いを馳せるようになる。そんなある日ツイッターから流れてきた「葉山での居抜きオーナー募集」の言葉に心が躍った。足を運んだそ

クラシカルな美しさが磁場となり
上質なエネルギーを発していた

の場で契約し、葉山へと移り住んだ。店名の「386」は、勤めていたカフェを辞めてから葉山に店を開くまでに掛かった日数だという。

人気のメニューは、オーダーを受けてから肉をこねて焼く牛肉100%のハンバーガーにクロックムッシュ、キーマカレーなど。ライ麦パンは自家製。地元のフレンチシェフが「あそこはおいしい」と太鼓判を押す味だ。「できるだけ、手作りでおいしいものを出したい。その分、料理を出すのに少しだけ時間がかかる。待つ時間をこの空間で楽しんでほしい」と武宮さん。「地元の人たちに愛される店でありたい」と、日々趣向を凝らす。

元は老舗の金物屋さんだったという築130年の建物。フロアに置かれた、ヴィンテージのステレ

オセットから流れるオールドジャズ、壁一面に貼られたヌーヴェルバーグ映画のスチール写真たち。そして奥にある隠し部屋のような空間、そこから眺める小さな裏庭の懐かしさ。クラシカルなものたちが、良質なエネルギーを発している。人々は、無意識にそこに惹かれてやってくる。

〒240-0112
神奈川県三浦郡葉山町堀内377
tel・046-876-5750
11時〜17時、18時〜21時
休・第3水・木曜
P・1台
MAP・P139

オリジナルブレンド 500円
ハンバーガー
　ハーフサイズ 1100円
　レギュラーサイズ 1380円
クロックムッシュ 720円
キーマカリー 1280円

SODA CAFE

ソーダカフェ

「ソーダカフェ」から目を放してはいけない。しばらく顔を出さぬ間に、大好きなスペシャルティコーヒー牛乳がワンランクアップして、グラスの底にコーヒーゼリーが輝いている。

日進月歩で進化するカフェメニューには驚きが伴う。アップルコーヒー、エスプレッソバナナシェイクなど、はじめて飲む客が、一口飲んで言葉を失って、友人と顔を見合わせる。「何これ⁉おいしい！」。その様子にいたずらっ子のようにニマリとしたのが、オーナーの曽田さんだ。

バーテンからはじまった飲食人生。ワーキングホリデーで訪れたオーストラリアで飲食店に勤めた後「カフェやろう！」と思い立った。自由が丘で人気を博した後、

森戸神社の帰り道
パワードリンクで運気アップ

姿を消したと思ったら、海辺の街で新たな時を刻んでいた。

コーヒーへのこだわりにゴールはない。日々思考錯誤してたどり着いたのは「エスプレッソならオニバス、ドリップならテナンゴ」。これらを使って次々とドリンクを生み出していく。フードの基本はビーガングルテンフリー。食べられないものがある人も気にせずに頬ばれるマフィンは絶品だ。

このカフェにはもう一つ大きな魅力がある。

「数年間会っていなかったというお客さん同士が偶然このカフェで居合わせたり、生涯のパートナーにめぐり会ったり夢の実現につながる出会いがあったりするんです。この場所は、引きが強いみたい」

森戸神社の鳥居の延長線上に

あるからか、カフェ自体がパワースポットのよう。その中でエネルギッシュなオーナーが抜群のセンスで生み出す、ドリンクをチャージ。なんだかよいことがありそうな気がするのは私だけではないはず。なんとも不思議なソーダカフェは、素通りできないカフェなのだ。

〒240-0112
神奈川県三浦郡葉山町堀内1039
tel･046-877-0678
10時〜18時
休･火曜
P･なし
MAP･P139

コーヒー牛乳 550円
エスプレッソバナナシェイク
850円
アイスアップルコーヒー 650円
ビーガングルテンフリーマフィン
380円〜

風早橋ガーデングリルカフェ

カザハヤバシ

その名の通り、木漏れ日の風の通り道、風早橋に、ひっそりとカフェが開かれていた。
70年代の熊本で、UKロックキッズだった高橋雅英さん。「その国の音楽が好きだと、ファッションや食べ物、国自体が好きになるんだよね」。イギリスファッションのアパレル店で働きはじめたが、「東京に店出すから、来週から来て」というオーナーの一言で、突然上京。イギリスと日本を行ったり来たりしながら時は経ち、葉山へと移り住んだ。
趣ある古民家の広い庭で、友人たちとロックを聴きながらBBQを開くうちに「ここでカフェをしよう」と思うようになったという。
テーマはサンデーロースト。炭火で豪快に焼いて、タレをかけて

風が踊る空間で
緑に包まれ青空グリル

食べるというシンプルなスタイル。「レシピは簡単。でも、焼き加減が本当に難しくて」。向こうで食べた味を再現するのに、試行錯誤を重ねて、トラディショナルイングリッシュの「まさにコレ！」にたどり着いた。炭火で焼きあげるビア缶チキンや葉山の海で捕れた地サバを使ったサバサンドなどが自慢だ。

庭に設置された席はテーブル席や靴を脱いで上がる小上がり風のウッドデッキ、ソファ、ハンモックなど、バラエティに富んでいる。常連は、ランチは小上がり、その後のカフェはガーデン……と移動して楽しむ。

屋内は古民家カフェの様相。レトロな昭和家具と高橋さんの私物のギターが見事にマッチしていて、

独特な空気を醸し出している。
音楽を愛する人のカフェは、空間にもリズムがあって、非常に居心地がよい。地元の人もまだあまり知らないその場所で、葉山のサンデーローストを満喫したり、夜のバータイムにお酒を楽しんだり。なんと贅沢な休日だろう。

〒240-0112
神奈川県三浦郡葉山町堀内634
tel・046-801-2120
12時〜18時
休・月曜
P・2台
MAP・P139

ビア缶チキンプレート 1500円
サバサンドプレート 1200円
ガーデングリルカレー 1200円

HAYAMA せた亭

ハヤマセタテイ

実はカフェではなくフレンチのお店なのだが、あえてこの場所を紹介するのには訳がある。この空間と料理を生み出すシェフ、そこに集う人たちが、葉山という町を体現していたから。

オーナーシェフの瀬田律子さんは、もともと都内で働くキャリアウーマンだったが、釣りを趣味とする夫の和生さんとの間にいつしか夢が生まれた。

「海外にあるようなフィッシングロッジを、いつかやれたらいいね」

律子さんは、元来持っていた好奇心と行動力で、コルドンブルーで料理の基礎を学び、その後、様々なレストランで経験を積むも、味が濃くて高カロリーなフレンチは毎日家族に食べさせたいものではなかった。

美しい洋館に集う夢
異文化が融合する場所

そんなとき、瀬田金行シェフが生み出す、日仏融合料理に出合い「これだ!と思って」と、弟子入り。料理の腕に磨きをかけながら、2014年、夫と共にこの地に移り住み、満を持して自身の店をオープンさせた。

律子さんが生み出すのは、和のエッセンスを加えた繊細なフレンチ。自慢のレムドレソースにはしょう油が使われている。コーヒーは、横浜の名店「すなづか珈琲」で、料理に合うものを厳選。フロアを切り盛りするのは、地元葉山に移り住んだ元CAなど……。料理もコーヒーも人も、葉山という新天地で律子さんの感性によって「せた亭」となり、新たな輝きを放っていた。

洗練されたものが集い、身を結

ぶ場所、それが葉山なのだと思う。
「年齢を重ねたとき、地元の人たちが集まってくるワインバーのような空間が作れたら」
かつて二人が描いた、フィッシングロッジを創る夢は、海辺の街で形を変えながら叶っていっているようだ。

〒240-0112
神奈川県三浦郡葉山町堀内541-19
tel・046-887-0099
11時30分〜15時（OS13時30分）
17時30分〜21時（OS20時）
（水・木曜はランチタイムのみ営業）
休・月・火曜
P・2台　MAP・P139

ランチセット 1500円
Aコース 2200円
Bコース 3500円
Cコース 5200円

陸の家 カラバシ

リクノイエ カラバシ

森戸海岸の夏、多くの人が集うのが海の家「オアシス」。夏休み期間中は毎日夏フェスで、夜な夜なライヴが開催されている。

そのオアシスの姉妹店として誕生したのがこちら「カラバシ」。レゲエの流れるその空間は、一年中海の家の雰囲気を味わえるカフェバーで、切り盛りするのはオアシスの店員たちだ。

陸にあがった海の家、という様相で、海の家の空気感はそのままに、一年中オープンしていて、海を愛する人々を出迎える。店の前を通る人と店員が挨拶を交わす、地元に溶け込んだカフェ。2階では、アーティストの個展などのイベントも開催されている。

普段の料理はヘルシーなものにこだわり、ヴィーガン料理や無農

海のオアシスが陸に上がった
波を離れてひとやすみ

薬野菜などが中心。2階のスペースでは作品展なども開催されていて、海の家とはまたちょっと違った楽しみ方ができる。
海のオアシス、陸のカラバシ。波に疲れたら小休憩したい場所。

〒240-0112
神奈川県三浦郡葉山町堀内1014
tel・046-807-0164
12時〜16時、18時〜23時
（火曜のみ12時〜23時）
休・なし
P・なし　MAP・P139

ドリップコーヒー 500円
アイスコーヒー 550円
無農薬ストレートジュース 400円〜

cafe nagisa

カフェ ナギサ

渚で地元の人や観光客を、母のような優しさで出迎えるその名の通りのカフェ。この場所が大好きだった少女はやがて大人になり、その役割を引き継いだ。

「先代には子どもがいなかったので、誰かにお店を託すのが夢でした。私は、この店でアルバイトをさせてもらってから、自分のカフェをやるのが夢になったんです」

ストリングスの音色のように澄んだ穏やかな声で、三浦悦子さんが微笑む。互いの夢が叶って15年が経った。

お腹いっぱいになって帰ってほしいから、食堂のようなボリュームと野菜いっぱいのランチ。スイーツも試行錯誤を重ねて旬のおいしさを詰め込んで、もてなす。地元の人たちの日常も、観光客の

時代を超えて紡がれる
海の街の物語

非日常も、三浦さんの陽だまりのような優しさに包まれていた。

取材した日、カウンターでゆったり本を読んでいた若い女性も、高校時代にここでアルバイトしていたという。「いつか私がこのカフェを継ごうかな」と女性が笑顔でつぶやいたとき、三浦さんは、ふふふ、と笑った。

〒240-0112
神奈川県三浦郡葉山町堀内989
tel・046-875-7990
8時〜17時
休・第4水・木曜
P・1台
MAP・P139

ホットコーヒー 390円
アイスコーヒー 500円
ケーキ 420円〜
ランチ 1350円

星音

ホシノオト

そばとコーヒーが好きだから、そばを食べた後においしいコーヒーを飲みたい。ここは、私が知る限り、そばとコーヒーが同時に味わえる唯一のそばカフェだ。

元サックス奏者の地代所隆《じだいしょたかし》さんがそばに目覚めたのは、行きつけの寿司屋のスタッフがそば打ちをはじめたことから。

「彼の打ったそばがおいしかったんです。自分でも打ってみたくなって」

やってみたら見事にハマった。北海道に農地を購入してそばを育て、鎌倉にそば屋を出店。その後「そばとアートをテーマに、他にない空間を提供したい」と葉山でギャラリー&カフェをオープンした。

挽きぐるみ粉で打った10割そば

北の大地で育まれた
そば切色を愛で、味わう

は、太めで存在感がある。かつお節、さば節、有機丸大豆醤油と純米みりんのみを使用した自家製のつけだれが、そばの甘みと風味を際立たせる。そば粉を使ったスイーツは、そばの香りがほのかに立つ、コーヒーによく合う味わいだ。思い出すと、むしょうに食べたくなってくる魅惑のソバカフェ。

〒240-0112
神奈川県三浦郡葉山町堀内808-8
tel･046-875-4225
11時30分～16時
休･木曜
P･1台
MAP･P139

ブレンドコーヒー 380円
ビスコッティ 100円
パウンドケーキ 200円
ぶっかけ太打そば･肉南 980円
つけそば･きつね九条ネギ 850円

パティスリー ラ・マーレ・ド・チャヤ 葉山本店

そう、葉山でチャヤといえば、日影茶屋。母の大好きなサザンオールスターズの曲にも出てくる日本料理の老舗から派生したカフェがある。「ラ・マーレ・ド・チャヤ」だ。今では神奈川を中心に多くの店舗を持ち、デパートにも進出しているが、この葉山本店こそ、その原点だ。

「1970年代。日本中が甘さの強いお菓子を求める中、ひたむきに素材の味に向き合い、深みのあるお菓子を生み出してきました」

そう語ってくれた店長の中山さんは元パティシエで「食べてみて、他と違うと思ったから」と、味に心底惹かれて、この美しい海辺の名店で働くことを決めた。

生クリームたっぷりのスワンシューは、甘さを控えた大人の味。

飴色の窓枠の外に広がる海
ここだけにある幸せ時間

この生クリームの味が忘れられなくて、毎年クリスマスはここのケーキを頼むという話もよく聞く。
鈴懸の木に優しく包まれたこの建物から、キラキラと輝く水平線を見つめるとき、そして名店のスイーツを味わうとき、大人の豊かさを実感できるのだ。

〒240-0112
神奈川県三浦郡葉山町堀内20-1
tel・046-875-5346
10時～20時
休・なし
P・3台
MAP・P139

コーヒー 540円
スワンシュー 345円
フレーズ 496円
ブリジット 464円

海岸通の散歩道。素朴な雰囲気に惹かれて扉を開けてみた。正解だった。

昭和にタイムトリップしたかのような古き良き空間の奥で、彫金に勤しむ羽太《はぶと》雅和さん。彼の人生を変えたのはたまたま見ていたテレビの深夜番組だ。

「動物実験をテーマにした海外のドキュメンタリーだったのですが、過酷な実験に耐えているウサギや猿を見て、大きなショックを受けたんです」

彼のデリケートな心は大きく揺さぶられ、自室に引きこもった。一人考え続けた先に、人間と動物、自然との共存をメッセージで伝えられるものとして、アクセサリー制作を思いついた。

師匠のもと必死に修業をし、独立。自然と人が調和している街の古い建物は、彼にとって理想的な発信地だった。古木でできたショーケースに並べられた、指輪やペンダントトップなどのシルバーアクセサリーには、「楽園」「大地」「共存」などのタイトルがつけられている。

センスの良さとメッセージ性、その両方に共感した人たちが日本中からこの優しいアトリエに集まってくるのだ。

ANIMAL WARNING
アニマルワーニング

〒240-0112
神奈川県三浦郡葉山町堀内249-1
tel・046-804-0322
12時〜18時ぐらい
休・火・水・木曜
http://animalwarning.net
MAP・P139

心やさしき彫金師がシルバーに刻む
愛と調和のメッセージ

葉山にある築 100年の古民家アトリエで見つけた、重厚で美しいペンダントトップ。ターコイズで地球をイメージし、動物や植物を刻んだこの作品には「共存」というタイトルがつけられていた。

ZUSHI
逗子

人に、店に、素朴さが宿る街

逗子駅を降りると、ロータリーのすぐ近くには昔ながらの魚屋さんがあり、八百屋があって、商店街へと入っていく。まさに、下町の雰囲気だ。

夏になると、逗子海岸には、多くの人たちがリゾートに押し寄せるため海岸沿いの道は混雑するが、駅周りのこのエリアは季節を問わず、普段の顔を保っているように見える。

葉山と鎌倉の間に位置するこの街は、昭和の素朴さが感じられる。それは、この街でカフェを営む人々の純粋な思いと、優しさ、まっすぐな姿勢からそう感じるのかもしれない。店主のカフェづくりへの思い、珈琲店の夫婦の笑顔は温かく素朴で、逗子の街の雰囲気そのもの。なんだかとても心穏やかになっていった。オーガニックな食べ物や空間を伝えるオーナーがいて、そして自分が海外で感動した食で人々を喜ばせたいというシェフがいる。ただひたむきに餡子を追求する和菓子職人もいる。皆、気取らず、自分の思いどおりに、日々を大切に生きていた。

逗子駅から商店街を通り、住宅街を通り抜けて海岸まで出るだけで、ちょっとした海の旅を楽しめる街だ。山もある。バスに乗って10分ほど。披露山の頂上に上がれば、逗子の全景や江ノ島、富士山までが一望できる。葉山とも、鎌倉とも違った景勝はわざわざ見に行く価値がある。海も山も、どちらも夕暮れがおすすめだ。

セレブ感やおしゃれ感よりも、素朴さが伝わってくる海辺の街には今日も優しい夕日の色に染まっていた。

Beach Muffin

ビーチ マフィン

「ビーチマフィンで今度個展をやるの」という知人のアーティストやフォトグラファー、彼女たちがとても素晴らしいアーティストだから、さぞそのカフェも素敵なのだろうと思った。訪れてみて、その佇まいの美しさに感動した。

かつては寿司屋だったという築90年を超えるカフェ。奥へ奥へと広がっている空間は、通りからは想像できないほど穏やかで、優しい海風が通り抜け、心を浄化させる。「近くに海があると、心がそれだけで豊かになりますね」と、オーナーのクラウチマリコさんが微笑んだ。

センスを感じる食事や飲み物は、可能な限りオーガニックの材料を使ったヴィーガンだ。菜食のイメージを覆す豊かでコクのある

海が側にあれば、
人の心は滞らずに流れる

味わい。これこそ、クラウチさんのこだわりだ。

オーガニック食品の輸入をはじめた当時、海外で浸透しつつあったオーガニックの概念は心身の健康にも通じていた。精白していない砂糖や無農薬の小麦粉、ドライフルーツなどを輸入し、オーガニックの食材店を開いた。

「でも、本当の意味でのオーガニックとは、相手の顔が見えること。人と人とのつながりだって気づいたんです」

人と自然がつながる海辺の小さな街、葉山へ移住。2003年に初代「ビーチマフィン」をオープンさせた。その後、友人夫婦から逗子の古民家カフェを受け継いで、7年が経った。

開店と同時にあっという間に売

り切れていくマフィン。小麦が豊かに香り、サックリとした食感と共に、優しい味が心にまで届いてゆく。海辺の素朴な街にある優しいカフェ。丁寧な手仕事と佇まいで、いつも誰かを待っている。

〒249-0005
神奈川県逗子市桜山8-3-22
tel・046-872-5204
11時〜18時
(土曜のみ〜21時)
休・月・火・水曜
P・2台　MAP・P140

ドリップコーヒー 500円
穀物コーヒー 500円
マフィン 320円
ベジバーガー 1200円

umibe cafe

ウミベ カフェ

　上質なリゾート写真集の中に入り込んだかのようだった。テラスから吹く風がゆるりと髪をかすめる。店内を見回して、好きな場所に座ると、今度はコーヒーの香りが漂ってくる。センスの良い本棚があり、おだやかな気持ちで本が読める空間。それもそのはず、ここは元編集者の大澤房之《ふさゆき》さんが営むカフェなのだ。

　大学卒業後出版社に入り、その後アートディレクターを目指してニューヨークへ渡った大澤さんは、デザインを学び、帰国後はブルータスやクロワッサンなどの編集を手がけた。東京都杉並区で育ち「海が近くになかったから海への憧れが強くて」と、逗子に移住。10年経ったころから「逗子で飲食店をやりたい」という思いが漠然と

コーヒー文化をリードする
海辺の洗練空間で

湧いてきた。「何百軒もの飲食店の取材をしつつ、食べ歩きつつ、仕事の中で自然と自分のお店の構想を練っていました」。雑誌の企画をするように、ノートにイメージ画を描き、逗子暮らしが25年を過ぎた頃、満を持して「ウミベカフェ」が誕生。編集者としての集大成でもあった。

コーヒーはシングルオリジンにこだわる。「コーヒーもワインと同じで、同じ種でも、環境やその年の気候、農場主によって味が変わる。生産国独特のまじりっけない豆の個性を伝え、味を堪能してほしいから」。流行を追いかける雑誌を作っていたからこそ感じる人々の飽きやすさを考慮して、豆は全国の名店の味を月替わりで提案。ブルータスが先駆けて紹介した鎌

倉の「ディモンシュ」、徳島の「アアルトコーヒー」、島根の「カフェロッソ」が、一つのカフェで味わえるのは、日本でもここだけかもしれない。
その日、私が選んだのはペルーのオーガニックコーヒー。ビターだが、体に優しい味がして、心身がふっと緩んだ。

〒249-0007
神奈川県逗子市新宿2-2-16
tel・046-845-9209
11時〜17時
休・水曜、隔週火曜
P・なし
MAP・P140

ブラジル 500円
ペルー 500円
コロンビア 500円

大澤珈琲店

オオサワコーヒーテン

「大澤珈琲店」のシンプルさとぬくもりは、素朴な逗子の街並みにピタリと合っていると思う。

「コーヒーが大好きで、コーヒーに携わりたかった」という大澤武司さんと「お菓子作りが大好きだった」というしのぶさんは、鎌倉の老舗カフェで出会って結婚。店を持つことは自然と二人の夢になった。夫はスペシャルティコーヒーの焙煎に情熱を注ぎ、妻は夫の生み出すコーヒーに合うケーキを研究し、2015年秋、念願の喫茶店をオープンさせた。

「オシャレさよりも、落ち着いて過ごせるお店を目指しました」

シンプルな店内は、関東100軒のカフェや喫茶店を巡って考え抜いた自信作。コーヒーが運ばれてくると香ばしさが舞い踊り、空

舞い踊るコーヒーの香り
素朴な街の豊かな空間

間は豊かさで満たされてゆく。

「焙煎にも、ケーキづくりにも、店づくりにもゴールはありません。でも、お客様からの『おいしかったよ』は最大のご褒美です」

微笑みの絶えない二人の真摯な姿勢、余情残心のもてなしが、常連客を増やしている。

〒249-0002
神奈川県逗子市山の根1-2-33
GAビル2F
tel・046-890-0088
10時～18時
休・木曜
P・なし　MAP・P140

大澤ブレンド 500円
逗子ブレンド 500円
シングルオリジン珈琲 500円～
自家製ケーキセット 880円～
珈琲ゼリーパフェセット 950円～

菓子 こよみ

季節の味わいを堪能してほしいという、粂谷《くめたに》知志《ともゆき》さんの思いがそのまま店名の由来だ。

「餡子があれば何もいらないっていうぐらい、無類の餡子好き」

その思いが募って、サラリーマンを辞め、製菓学校へ通いはじめたのは30歳の時だった。

「和菓子作りは、餡子をいかに美味しく食べさせるかというミッションなんです」

餡子は、小豆と砂糖のシンプルなものだが、だからこそ水分量と火加減、練り方が勝負になる。「最初に作った餡子はおいしくなくてショックを受けた」という粂谷さんだが、試行錯誤すればするほど、餡子作りの虜になった。

赤坂の名店で修業をし、葉山の和の名店、「日陰茶屋」で和菓子を

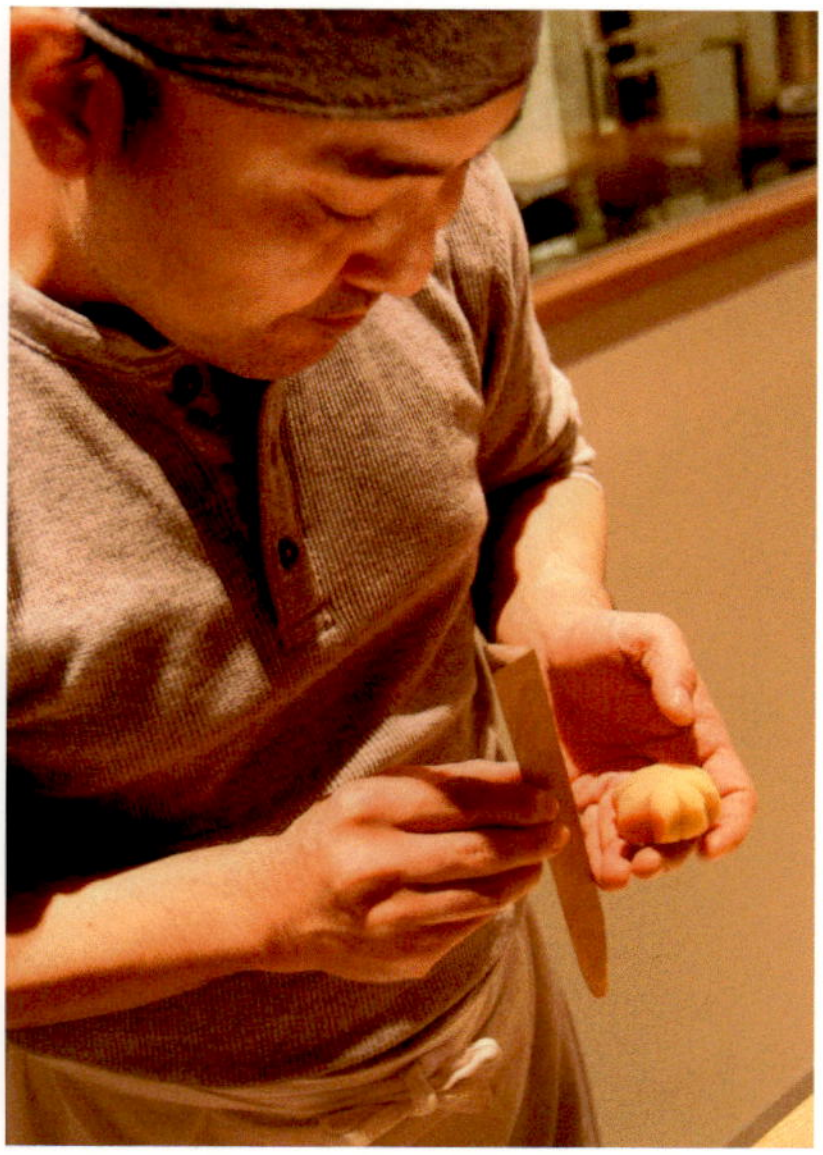

水を操り、和を極める
理想の餡子を求めて

担当。2014年、逗子に念願の和菓子屋をオープンさせた。
私が好きな塩豆大福をゆっくりとかみしめる。しっとりとした餡子が口いっぱいに広がった。これは、餡子を心から愛する職人が生み出す甘味の極みだ。

〒249-0006
神奈川県逗子市逗子1-7-4
清水屋ビル1F
tel・046-876-8226
10時～17時
休・火・水曜
P・なし　MAP・P140

塩豆大福 194円
どら焼き 172円
とうふ白玉あんみつ 756円

Becquet CAFE & GASTRO PUB

ベケット カフェ アンド ガストロパブ

ガストロパブとは、ロンドンでごはんがおいしいパブのこと。

芳須康《よしずこう》さんが学生時代にロンドンに住んでいたころ、フレンチの店で修業をしたコックがパブで腕をふるう文化が生まれていた。また「ロンドンは、欧州中の本格的な外国料理が食べられる面白い街だった」。帰国後、カフェやフレンチの店などで働いた後、「ベケット」をオープンさせた。

「逗子は、外国を飛び回ってきた人たちが、リタイヤしてからゆっくりと住むような街。この街で、ガストロパブと、ロンドンで食べられていた外国料理を再現してみようと思いました」

逗子や三浦の野菜をふんだんに使い、パンも地元のパン屋さんのバケットを厳選。素材そのもの

多国籍を味わう
逗子に生まれたガストロパブで

を生かしたシンプルな料理は、ボリューム満点だ。インテリアは、流行にとらわれず古くて美しいものを厳選。その味、店の雰囲気に惹かれる人、懐かしさを感じて常連になる欧州出身の人など、逗子に生まれたガストロパブは地元の人たちに愛されていた。

〒249-0006
神奈川県逗子市逗子7-13-4
tel･046-874-9089
12時〜14時、18時〜22時
休･火･水曜
P･なし
MAP･P140

今週のランチ 1400円
スープオブ･ザ･デイ 640円
オリジナルブレンドコーヒー540円

「旅する帽子屋」が、葉山から鎌倉へとやってきた。店を訪ねると、小さな店の窓に、美しい帽子たちが浮かんでいるようだった。作り手は、黒田真琴さん。世界をめぐりシャッターを切るフォトグラファーだ。

「欲しい帽子がなかったから」と、試行錯誤しながら編みはじめたニット帽。「私にも作ってほしい」という人が現れ、いつしか、個展やアトリエを開くまでになっていた。モノクロームの平面に映し出される写真と、柔らかな質感と色を掛け合わせる帽子。相反する二つの表現が、彼女の世界を作り出し、人々を魅了して止まない。

「写真は静かに語りかける。でも、帽子は、大人がかぶってワクワクして動き出したくなるものを作りたい」

そんな思いが込められた帽子をかぶると、素敵な魔法にかかり、見知らぬ土地へでかけたくなる。世界にただ一つの帽子が生活に新たな風を吹き込むのだ。真琴さんの帽子をかぶった人同士が、街中ですれ違い、「あ！その帽子ってもしかして……」と、声を掛け合って仲良くなることも、しばしばだという。

Pájaro　パハロ

〒248-0011
神奈川県鎌倉市扇ガ谷1-9-14 1F
tel・0467-24-2203
11時〜18時
休・水曜、第3木曜
http://makotokuroda.com
MAP・P141

帽子 16200円〜

鎌倉の細道に現れたファンタジックなアトリエ。帽子にかけられた魔法で、新しい扉が開く

絵を描くことが好きだった少女は大人になり、カメラを持って世界中を旅した。モノクロームで世界を切り取りながら、集めてきた素材を掛け合わせ、心に刻んだ世界中の色合いを帽子に授けた。

KAMAKURA 鎌倉

御霊神社から響く命の盆歌

江ノ電と神社が交差する御霊神社の奥から、懐かしい盆歌が聞こえてくる。イマジン盆踊り部の練習が行われていた。発起人は「手ぬぐいカフェ一花屋」の瀬能笛里子さんと鎌倉在住の仲間たち。現在の部長は、この街に住むジュエリーアーティストの大嶋櫻子さんだ。

「3・11の後、脱原発デモなどが起きたけれど、デモで怒りをぶつけることに抵抗がある人もいた。自分たちの生活を守りたい、意思表示をしたいという想いを、踊りに乗せて、楽しく表現できたら」と企画したものの、全員が素人。日本舞踊と盆踊りを教える先生にお願いし、練習を重ね、パレードに参加。周囲の人の反応もデモへのそれではなく「私も昔踊ってたのよ」と、温かいものが多かったという。

その後、立ち上がったのがイマジン盆踊り部だ。旅する途中にこの盆踊りに出合った人もいれば、鎌倉を去ってもなお通ってくるメンバーもいる。そういえば鎌倉の老舗カフェのオーナーが言っていた。「鎌倉は、セレブが行き着く街と思っている人もいるけれど、実は、若い時期に経験を積むのに合っている」と。人と人とのつながりが大切にされる古都には、新たなことを生み出すパワーが湧いてくるのだろう。

この街はカフェにもエネルギーがある。古き良きものを守り続ける甘味処、それぞれのセンスでリノベーションされる古民家、絵本を楽しむモダンな空間が街並みに調和し、時に化学反応を起こす。古都で生まれるエネルギーが引き起こす新しい文化が、この街から生まれるのだ。

石かわ珈琲

北鎌倉の駅を降り、紫陽花寺として親しまれる明月院を過ぎ、小道を森林浴をしながら歩く。やがて、石垣の前に現れた趣ある階段を一歩ずつ上り、そのドアを開いた。
シンプルな木造りの空間は、どこか凛とした雰囲気。ビーンズショップの傍に小さなカフェスペース。窓際の席に座り、「あじさいブレンド」とチーズケーキを注文すると、まず届くのは豆を挽く、馥郁《ふくいく》たる香り。ドリップ中に、豆が、ふっくらと膨らんでいくのは、新鮮な証拠だ。黄金色に輝くカップで届けられた、スペシャルティコーヒーは、噂どおりの匠の味。でも、驚いたのはその後。チーズケーキを口に入れると、まだ鼻腔に残るコーヒーの香りとケーキの味が、それは見事に調和して、よ

森林の中で出合う
唯一無二の香りと時間

りコーヒーのおいしさを引き出していた。

この美しき調和を提供してくれたのは石川新一さん。

「30代までSEで、夜中まで仕事に追われていて、私生活などありませんでした。『このまま定年まで今の仕事を続けるんだろうか』と思ったとき、堀口珈琲に出合ったんです。感動しましたね。こんなおいしいコーヒーがあったのかと」

一杯のコーヒーがくれた感動が、石川さんの人生を変えた。35歳で会社を辞めて、「堀口珈琲」で働きはじめた石川さんは、3年半かけて修業しながら自身の店への道筋を作り、パティシエの学校に通って、コーヒーに合うスイーツを突き詰めていった。そう、コーヒーとチーズケーキの完璧な調和は、

長い月日をかけて生み出された賜物なのだ。

石川さんに、自宅でおいしいコーヒーを味わうコツを尋ねると「何よりも大切なのは豆の質。良い豆を、豆のまま買ってきて、淹れる直前に挽くこと」というシンプルな答えが返ってきた。

〒247-0062
神奈川県鎌倉市山ノ内197-52
tel・0467-81-3008
11時～17時
休・水・木曜
P・なし
MAP・P140

あじさいブレンド（中煎り）500円
めいげつブレンド（中深煎り）500円
きたかまブレンド（深煎り）500円
チーズ＆パウンド 450円

喫茶ミンカ

溢れんばかりの情緒を醸し出す街、北鎌倉。紫陽花で有名な円覚寺は、夏目漱石や川端康成の小説にも出てきていて、どこか知的な雰囲気。お気に入りの本を片手に訪れたいカフェがある。築60年の古民家を改装して作られた「喫茶ミンカ」だ。

その佇まいは美しく、ジブリの世界に出てきそうな空気感。オーナーは川端美香さん。16年前に東京から夫と一緒に鎌倉へと移り住んだが「その古民家の取り壊しが決まって、次の家を探していたらこの家に出合ってしまって。建物へと続く小径に一目惚れしてしまったんです」と川端さん。住むだけではなくて、その小径の先にカフェを作ることを思いついた。

ものづくりのセンスはピカイチ

静穏な隠れ家で
読書にふける幸せな午後

だったが、飲食の経験はゼロ。「家も、本当に民家だったので、一からの大改造でしたね」と当時を懐かしんで、微笑む川端さん。改装中に、コーヒーの淹れ方を一年かけて学び、内装は夫が考え、家具や器も一つひとつ選んでいった。できあがったカフェは、無垢なやわらかい雰囲気で満たされていた。

「驚いたのは、日本の古い家をあまり知らない幼い子が『ママ、なんだか懐かしいね』と微笑む光景。お子さんが、とても気に入ってくださって……不思議だけど、嬉しいなと思いました。和の空間を心地よく感じるのは、DNA的なものなのかもしれませんね」

メニューはあえて厳選し、コーヒーも、プリンも、ナポリタンも、昭和の昔懐かしい味を目指した。

なるべく、禁止事項をなくし、子どももペットもOKにしているが不思議と、誰もがこの空間に調和して、互いの時間を邪魔することもない。

窓ぎわの席に座り、本を開けば、読書をしている自分ごと、どこかへタイムスリップしてしまいそうだった。

〒247-0062
神奈川県鎌倉市山ノ内377-2
tel・0467-50-0221
11時30分〜17時30分
休・金曜
P・1台　MAP・P140

おいしいコーヒー 600円
ミルクコーヒー 650円
ナポリタン 1000円
ひよこ豆のカレー 1200円
自家製プリン 450円

狸穴 Cafe

マミアナカフェ

もともとそば屋さんだった店舗で、割烹料理の料理人がカフェを出したら、センスある和洋折衷の休息地になった。

のれんをくぐって中に入ると、カウンターがあり、そこでキャッシュオンでオーダーをして、2階へと続く古い階段を上がる。そこには、天井の高い開放的な空間が広がっていた。ゆったりと調えられた家具や席が、同じ空間にいる者たちの互いのプライバシーを優しく守り、極上の長居時間を生み出してくれる。

「ここで、和の料理を出しても、時代と空間に合わないから」と、大倉さんがメニューに加えたのは、トマトソースベースのビーフシチュー。ホテルで腕を磨いた先輩シェフから教えてもらった極

開放感のある隠れ家は

北鎌倉の休息地

秘レシピをさらに突き詰めた自慢の味だ。ビーフシチューが定番と言われる北鎌倉に、あえてビーフシチューで挑むのが料理人の挑戦。「一つの場所に立ち止まると、そこからの未来が描けなくなるから」と、若きオーナーは常に未来のカフェの姿を描いている。

〒247-0062
神奈川県鎌倉市山ノ内403
tel・0467-33-4866
11時30分～17時
休・不定
P・なし
MAP・P140

カプチーノ 600円
ビーフシチューランチセット
（サラダ付）1980円
鎌倉ハムと野菜のピタサンド
1200円

門

モン

北鎌倉駅の改札を出てすぐに、気になる純喫茶を見つけて足を止めた。足を踏み入れると、奥にある大きな窓がまるで映画のスクリーンのように、円覚寺の艶やかな庭を映し出していた。春の新緑、雨の紫陽花、秋の山吹、冬の純白。季節ごとに移ろう光景が、このカフェの秘宝。そしてもう一つが、3代目オーナーの石井智子《さとこ》さんが淹れるコーヒー。その美味に惚れた地元の人たちが集まってくる。

「4年半前までは東京で会社員をしていたんですよ」と笑顔で話す石井さん。会社を辞めてから人生の方向性を模索していたとき、知り合いだった先代から50年以上も続くこの喫茶店を引き継ぐことに。日本で初めて炭火焙煎をした神戸の「萩原珈琲」から豆を取り

喫茶店の奥に隠された
輝く緑、光の森

寄せ、深みのある独特な味わいのコーヒーを出すようになった。
ある平日の午後。美しい老婦人が数人やってきて、日常のことから社会情勢までを楽しく語り「また明日」と去っていった。このカフェには、地域の人々の日常に寄り添うという喫茶店のあるべき姿と、優しい時間が流れていた。

〒247-0062
神奈川県鎌倉市山ノ内506
tel・0467-23-1660
7時30分〜17時
休・火曜
P・なし
MAP・P140

ブレンドコーヒー 540円
アイスコーヒー 540円
コーヒーゼリー 540円
ケーキ各種 540円

障子を開くと、畳の間に美しい鞄が並んでいた。「無垢」。染色されていない、白い無垢な革を使い、鞄作家、徳永恵さんが新たに取り組んだ唯一無二のコレクションの数々。「花咲く頃」「樹氷の中の山小屋」など、一つひとつに言葉が添えられている。

世界中の誰もが知るブランドの革製品に携わりながら感じていた葛藤。それは「革には1枚1枚違った表情があるのに、寸分たがわず同じ形に仕上げられていくこと」だった。その概念から抜け出し、独立。唯一無二の鞄を一針、一針縫い始めた。

中目黒のギャラリーを経て、この古民家と出合ったとき「長く続いていく本物の家で、受け継がれる本物を生み出したい」という思いが湧いて出たという。歴史とともに飴色に変わった柱、美しく透ける障子の和紙、丁寧に手入れされた庭。そこにある和の美しさが徳永さんの手で鞄へと伝わっていく。

やわらかな質感のリュックをまとわせていただく。今まで味わったことのないフィット感とぬくもりに、感動がこみ上げてきた。不思議な鞄。一生モノ、と言える鞄に出合った、冬の北鎌倉での一日。

Agasajo
アガサッホ

〒247-0061
神奈川県鎌倉市台1731
tel･0467-84-9343
10時～12時(要予約)、13時～16時
休･不定
http://agasajo.co.jp/
MAP･P140

Bag | Agasajo

古き美しき古民家で出合う
1点モノの一生モノ

スペイン語で「もてなす」という意味を持つそのアトリエ。北鎌倉の小高い場所にある古民家で、鞄作家の徳永恵《めぐみ》さんが生み出す美しい鞄たちが新しい出合いを待っていた。

古我邸

コガテイ

鎌倉駅の近くにこんなにも美しい洋館があったとは。かつては著名人も住んだという築100年を超える鎌倉三大洋館の一つ「古我邸」。鎌倉名物人力車の観光ルートにも組み込まれている歴史的な建造物は、2015年にフレンチレストランとして、一般にもその幻想的な門を開いた。

青い空と山々の緑に包まれ、門から遠くに鎮座するその姿は、どっしりとしていて壮大で、童話の世界に紛れ込んだかのよう。敷地面積は1500坪にもおよび、美しい前庭を通って小高い丘へ登ると、その豪邸に辿り着く。レストランフロアやカフェテラスから見えるのは、相模湾。鎌倉石の接岸の美しさに思わずため息が漏れた。

四季に彩られる美しい洋館の
小さな池のほとりの贅

1階のリビングを改修したレストランフロアには昔の調度品やインテリアがそのまま残されていて、暖炉のある空間で味わえるのは、敷地内でシェフが育てた鎌倉の野菜を多く使ったフレンチ。数カ月先まで予約が入るほどの人気ぶりだ。

小さな池のある裏庭がカフェとして開放されていて、コーヒーや紅茶、ハーブティをはじめ、ワインやパティシエによるデザートの盛り合わせなどを楽しむことができる。

「春は庭にある大きな桜が美しく、冬は日本とは思えないような雪景色に変わり、四季の移り変わりが楽しめます」と、スタッフの武井さん。

真冬の1、2月はカフェがお休み

になるが、春はつがいの鴨が舞い降り、夏には山の香りを感じる風が吹き、秋にはリスなどの動物たちが集まって四季の庭の登場人物となる。まるで大正時代へタイムスリップしたかのような時間が楽しめる。

鎌倉駅西口からわずか5分の場所に開かれた別世界。ぜひ足を運んでみてほしい。

〒248-0011
神奈川県鎌倉市扇ガ谷1-7-23
tel・0467-22-2011
11時〜日没（レストランは要予約）
休・火曜
P・なし
MAP・P141

コーヒー 300円
紅茶 300円
ランチ 3800円〜（レストラン）

イワタコーヒー店

これが、多くの人を魅了してきたという厚焼きホットケーキか。目の前に運ばれてきたソレは、まるでスポンジケーキのような出で立ち。きつね色に焼き上げられた表面はサックサク、中の生地はしっとり、じゅわり。濃厚なバターを絡めて味わう。聞けば、60年以上前からある人気メニューだという。ひと頃のホットケーキブームとは一線を画すその歴史と味わいは、鎌倉の純喫茶にこそ相応しい。

「この店は祖父が1945年に開業しました。新しいものを取り入れるのが好きだったので、いろいろ試行錯誤したようです」と語るのは美しき3代目、岩田亜里紗さん。東京で一流ファッションブランドに就職し、接客を学んだ後、

記憶に残るホスピタリティ
淡香色空間に包まれて

歴史ある「イワタコーヒー店」を継いだ。12年ほど前のことだ。

昔の長屋をリノベーションした店内。入ってすぐの席は橙色の明かりが灯る空間で、奥には自然光が降り注ぐ淡香色の空間が広がり、ガーデンから鳥の鳴き声が聞こえる。この空間に流れる時間と共にヴィンテージになった趣あるソファに身体を預け、ネルで丁寧に入れられたコーヒーをいただくと、なんとも言えない贅沢な気持ちになれる。老舗ホテルのような上質なもてなしが、過ごす時間をさらに豊かなものにしてくれた。

「世代を超えてお客様がいらっしゃることが何よりもの喜びです。60年もの間、祖父、祖母、伯父が店を続けてくれたことに感謝しています。受け継いだものを大切に

しながら、当たり前のことを当たり前に続けていけたら」と岩田さんは微笑んだ。

ふと目に映ったメニューの、ウィンナーコーヒーにつけられた名前が洒落ていた。マシュマロを飾った「ぢんちょうげ」、ブランデー入りの「もくれん」。次回は、花の名前でオーダーしてみよう。

〒248-0006
神奈川県鎌倉市小町1-5-7
tel･0467-22-2689
10時〜18時
休･火曜、第2水曜
P･なし
MAP･P141

イワタオリジナルブレンドコーヒー 600円
ぢんちょうげ 700円
もくれん 700円
モーニングセット 850円
ホットケーキ 800円

ミルクホール

小町通りの喧騒から少し離れた路地に佇む黒い館。大正ロマンそのままの1976年創業の老舗ジャズ喫茶は健在だ。

「70年代はヒッピー文化が日本にも広まった時代で、手作りブームでした」というオーナーの磯見藩《いそみまもる》さん。学生時代に独学で彫金をはじめ、アトリエと骨董品を扱うショップを作り、その場所を喫茶店に。

「目指したのは、コミュニケーションがあって、何かが生まれる場所。まさに喫茶店でした」

店づくりは仲間たちと一緒にすべて手作りし、明治や大正時代に広まったミルクホールを店の名にした。

当時は学生運動の真っ只中。喫茶店では苦めのコーヒーを片手に

セピアに浸るジャズ喫茶は
ひらめきを生む創作空間

若者が集い、夢を語り、社会を議論する場となった。

　店内は、窓際から自然光が差し込む明るい空間と、アンティークランプに照らされる暗い空間に分かれている。セピア色を選ぶ人も、明るい日だまりを選ぶ人も、心地よくリズムを刻むジャズに耳を傾け、話したり、考えたり、読んだり、思い思いの時間を過ごす。ふと、店内に置いてあるノートの束に目が止まった。「らくがきちょう」と書かれたそれには、店を訪れた人たちが思い思いにメッセージを残していく。ミルクホールで過ごした思い出、磯見さんへの近況報告、次に来るときまでの約束事や叶えたい夢など、さまざまだ。

　かつて学生たちがアイデアを形にし、表現してきたその場所には、

インスピレーションの粒子が舞っていて、ものづくりに携わる人たちを不思議と惹きつける。「そうだ、私も」と、新たな人生の計画を立て、思いの丈をノートに書き込んだ時、私にとってミルクホールは、訪れたときよりも確実に、特別な場所になっていた。

〒248-0006
神奈川県鎌倉市小町2-3-8
tel・0467-22-1179
11時～20時30分
(土日祝は～21時30分)
休・水曜のみ不定
P・なし　MAP・P141

ブレンドコーヒー 650円
プリンアラモード 850円
ビーフストノガノフ 1350円
ハヤシライス 1300円

ブンブン紅茶店

40年続く紅茶専門店。

「ここは、紅茶のセレクトショップなんです」と語る小《お》木《ぎ》曽《そ》榮《さかえ》さん。20代で、インドに紅茶の勉強に出かけ、気に入った茶葉をとにかく飲んだ。自分の舌で徹底的においしさを覚え、帰国後、紅茶専門店を開いた。当時はまだ、おいしい紅茶が飲める喫茶店は数えるほどしかなかった。

「茶葉の品質を決めるのは、土壌と気候と品種です。とはいえ、同じ茶畑で採れたお茶でも、出荷時期、その年の状態によって、まったく味が変わるんですよ」

だからこそ茶葉の味を確かめて、納得がいくものだけを提供している小木曽さん。ポットでたっぷり出される紅茶は、冷めても香りを失わない。さらに、驚いたのがア

レトロな空間で味わう
香り高いセレクトティー

イスティーだ。アイスなのに、香りが際立っていて、濃く、味わい深い。思わず「おいしい」と呟いてしまう。

紅茶に合うスイーツも、長年研究しながら生み出してきたオリジナル。店内に並べられているのは、紅茶や自動車に関する古い本やレトロ感あふれる小物など。

「自分の好きなものを、ただ並べただけなんですけどね」

好きなものを追究し、好きなものに囲まれて、追求して過ごした40年だ。

おすすめの紅茶を尋ねると「ダージリンの新茶、ファーストフラッシュは突出して味が違いますね」と小木曽さん。産地であるインドのダージリンはヒマラヤ山脈を望む山岳地帯にあり、極寒

の大地の中で春を待っていた新芽は、香り高い最高の味と香りを持つ紅茶になる。これがファーストフラッシュだ。

「この味に出合って紅茶にハマる人も少なくありません」

年によっても違うが、早い年は4月の頭ぐらいから味わえる春だけのお楽しみだ。

〒248-0017
神奈川県鎌倉市佐助1-13-4
tel･0467-25-2866
10時～19時
休･火曜
P･1台
MAP･P141

おすすめ紅茶とケーキのセット
　970円
ダージリンファーストフラッシュ
　700円
チャイ 540円

café vivement dimanche

カフェ・ヴィヴモン・ディモンシュ

神奈川のカフェオーナーたちが異口同音にその味を讃える「日曜日が待ち遠しい」という意味の名を持つ鎌倉の名店へ足を踏み入れた。パソコンを広げる人、でてきたオムライスに歓声をあげながら写真を撮る人、ここには、鎌倉の日常と非日常が同居している。

90年代半ば、それまで日本にあった喫茶店とは明らかに違う文化、カフェが生まれ、若い世代に「カフェブーム」が巻き起こった。「カフェ・ヴィヴモン・ディモンシュ」は、そのブームの先駆けとなった存在だ。

「好きなものが移り変わることを楽しんできました」と堀内隆志さん。パリで体験したカフェを土台に、個展や語学教室を開催したり、フリーペーパーを発行したり、情

日曜日が来るのが待ち遠しい
大人の遊び場、寛ぎ時間

報の発信源となった時代もあれば、ボサノバに魅了され、ブラジル文化の伝え手だったこともある。

焙煎に没頭するようになったのは、実は、ここ5、6年のこと。

「15年前に感動した珈琲は今もおいしい。でも、新しい『おいしい』と『心地よい』が、次から次へと生まれてくるから」

毎晩のように煎り具合を吟味しながら、最高の一杯を探求し続けている。世界を巡って磨いた感性で歩むコーヒー一路に迷いなし。国、農園、豆の種類までを明記したメニューが、その姿勢を物語る。

「カフェのオーナーであること。それこそが、僕の天職なんです」。

鎌倉の良さについて聞いてみると「どんなことでも、志を高くもって取り組めば、理解を示してくれる

ところが好き。意識が高い人が多いと思います」
　常に変化しつづけるカフェでありながら、安心感を感じさせる穏やかな空気は、堀内さんの人柄そのもの。この場所で過ごす日曜日が待ち遠しい。

〒248-0006
神奈川県鎌倉市小町2-1-5
tel・0467-23-9952
8時～19時
休・水・木曜
P・なし　MAP・P141

パナマ・エスメラルダ・ポケテ・ゲイシャ・ウォッシュド 900円（おかわり 450円）
ケニア・カリンドゥンドゥ・ウォッシュド 550円（おかわり 300円）
ブラジル・ミナス・ジェライス・サンタカタリーナ 550円（おかわり 300円）
ゴーフル（ワッフル）プレーン 510円
オムレット・オ・リ（オムライス） 820円

珈琲郷みにこむ

コーヒーキョウ

鎌倉の観光地のど真ん中、小町通り沿いにあるその階段を下りたのは正解だった。外の喧騒とはまるで別世界の静穏な空間。出迎えるのは、ホテルマンのような正装でカウンターに立つ店主、小松洋助さんだ。

「都内の大学を卒業したその日が、この店のオープン日だったんだよ」

蒼いタイルの趣あるカウンターの向こうで彼はそう言って微笑んだ。この場所で喫茶店を営んで46年、今日も、サイフォンのコポコポという音が耳に心地よく響く。

「アイリッシュコーヒーを淹れよう」。小松さんがそういって、店の灯りを落とす。まるで魔法のように青い炎がグラス上に揺らめいた。アイリッシュウィスキー、クリームとの味のバランスも見事。豆の

階段を下りると別世界

鎌倉、珈琲の理想郷

持っている味わいを最大限に引き出せるサイフォンコーヒーのなせる技だ。

毎日横浜から通ってきてカウンターに座る老婦人。「昔は自分でもサイフォンコーヒーを淹れていたの」というコーヒー通だが「ここのコーヒーが一番おいしいの」と微笑んでいた。

〒248-0006
神奈川県鎌倉市小町2-10-4
東洋ビルB1F
tel・0467-25-1778
10時〜19時30分
休・火曜
P・なし　MAP・P141

ブレンドコーヒー 600円
アイスコーヒー 650円
アイリッシュコーヒー 950円
カフェフレミング 1200円

café RONDINO

カフェ・ロンディーノ

毎日決まった時間に訪れる常連客たちが「いつもの」と言ってカウンターに座ると、オーナーが美しい手さばきで、それぞれの「いつもの朝」を作っていく。古き良き喫茶店で、半世紀もの長い間、繰り広げられてきた風景だ。

コーヒーはサイフォンで丁寧に。メニューはボリューミーでお腹いっぱいに。朝の人気は山型厚切りパンのモーニングとブレンドコーヒーのセット。昼なら、王道ともいうべきナポリタン。味わいといい、香りといい、その何もかもが、懐かしく正しい喫茶店のあり方を体現しているように思える。座っているだけで、心が温かくなるのは、喫茶店が生み出す優しい空気を吸い込んでいるからかもしれない。

鎌倉の朝は美しく
ロンディーノからはじまる

「いってらっしゃいませ」。オーナーの声に見送られ、今日もまた鎌倉の人たちの一日が始まる。日本の全ての街にこんな喫茶店が残っていくといい。

〒248-0012
神奈川県鎌倉市御成町1-10
tel・0467-25-5177
7時〜22時
（日祝日は〜20時）
休・水曜
P・なし　MAP・P141

ブレンドコーヒー 350円
バタートースト 250円
ツナトースト（ドリンク付き）700円
スパゲッティ（ドリンク付き）700円

日本唯一の、しかけ絵本専門店が鎌倉にある。140年前にドイツで活躍したしかけ絵本作家と同じ名前のその書店に置かれている700種類以上すべてがしかけ絵本。代表の嵐田晴代さんは「しかけ絵本の専門店がないのはおかしい！」と当時しかけ絵本の大手出版社に勤めていた夫の康平さんを説得して2006年に夫婦で立ち上げた。現在、しかけ絵本のワークショップなどを開きながら、康平さん、息子の一平さんと家族３人でその奥深さを伝えている。

「ここ、鎌倉ならではのしかけ絵本を作りたい」

晴代さんが企画し、一平さんが絵を描き、作りあげたのが、オリジナル覗きからくり絵本「鎌倉 段葛《だんかずら》」。その名のとおり、1182年より鎌倉の中心を貫く段葛がモチーフになっていて、表紙の穴から中を覗くと、鶴岡八幡宮までの参拝風景が遠近法で立体的に浮かび上がってくる。

「大人も、子どもも一緒に楽しめるのがしかけ絵本の魅力です」

一平さんに導かれ、本を次々に手に取り、中を開くたびに歓声をあげ、すっかり魔法の国の虜になってしまっていた。

Meggendorfer
メッゲンドルファー

〒248-0014
神奈川県鎌倉市由比ガ浜2-9-61
tel・0467-22-0675
10時～18時
休・水曜
http://www.meggendorfer.jp
MAP・P141

鎌倉 段葛 3024円

メッゲンドルファーの魔法の国で
子ども心に再び出合う

その場所で『不思議の国のアリス』を開くと、子どもの頃のワクワク感が戻ってくる。しかけ絵本の巨匠、ロバート・サブダが好きな私にとって、そこは、まるで夢の国だった。

てぬぐいカフェ 一花屋

イチゲヤ

玄関の引き戸に手をかけ、小上がりから奥座敷へと足を踏み入れた時、初めてなのに昔から知っている場所のような懐かしさを感じた。

このカフェの求心力はやはり、温もりある古民家の木の柱や畳、美しい和手ぬぐいや雑貨、そして、瀬能《せのう》笛里子《ふえりこ》さんの世界観だ。鎌倉生まれの瀬能さんの20代は、旅暮らし。うち5年間は、山小屋で働いた。

「昭和9年に建てられた山小屋に住み込みで働き、薪割りをし、皆で囲炉裏をかこみ、夜は星を見ながら過ごしました。携帯もテレビもない。でも『ああ、この暮らしでいい。この暮らしがいい』と思いました」

昔ながらの暮らしは、彼女の生

畳にちゃぶ台でゆっくりと
心の静穏を取り戻す、鎌倉時間

き方の主軸となった。その後、沖縄などを転々とした後、故郷へ帰った。

「ちゃぶ台でご飯を食べて、畳を箒で掃除をして、旧暦や星のリズムにのって暮らし、米も味噌も塩も自分たちで作ってみる。日本の文化を受け継いだ穏やかな生活をしたいから。そんな自分の暮らしがそのままカフェになった感じです」

メニューには和の素材がふんだんに使われているが、中には自家製のものも。地元の仲間たちと、味噌づくりや塩炊きなどを行い、昔ながらの暮らしを尊び、客をもてなす。和食器で運ばれてきた酒粕のカレー。お洒落なカフェごはんでありながら、心身の健康に気を使った野菜たっぷりの一品。

一花屋。そこは、喧騒から遮断された穏やかな空間に人が集い、和文化が返り咲く場所。日本人が長い歴史の中で培ってきた懐かしい幸福の概念そのものだ。ここで過ごしていると、日々の雑念が洗い流され、自分の中にある和の心が呼び覚まされていくような不思議な感覚に包まれた。

〒248-0021
神奈川県鎌倉市坂ノ下18-5
tel・0467-24-9232
10時30分～17時
休・火・水曜
P・なし
MAP・P141

一花屋ブレンドコーヒー 540円
紅茶 540円
チャイ 648円
酒粕レモンケーキ 540円
酒粕と季節の野菜カレー 1080円

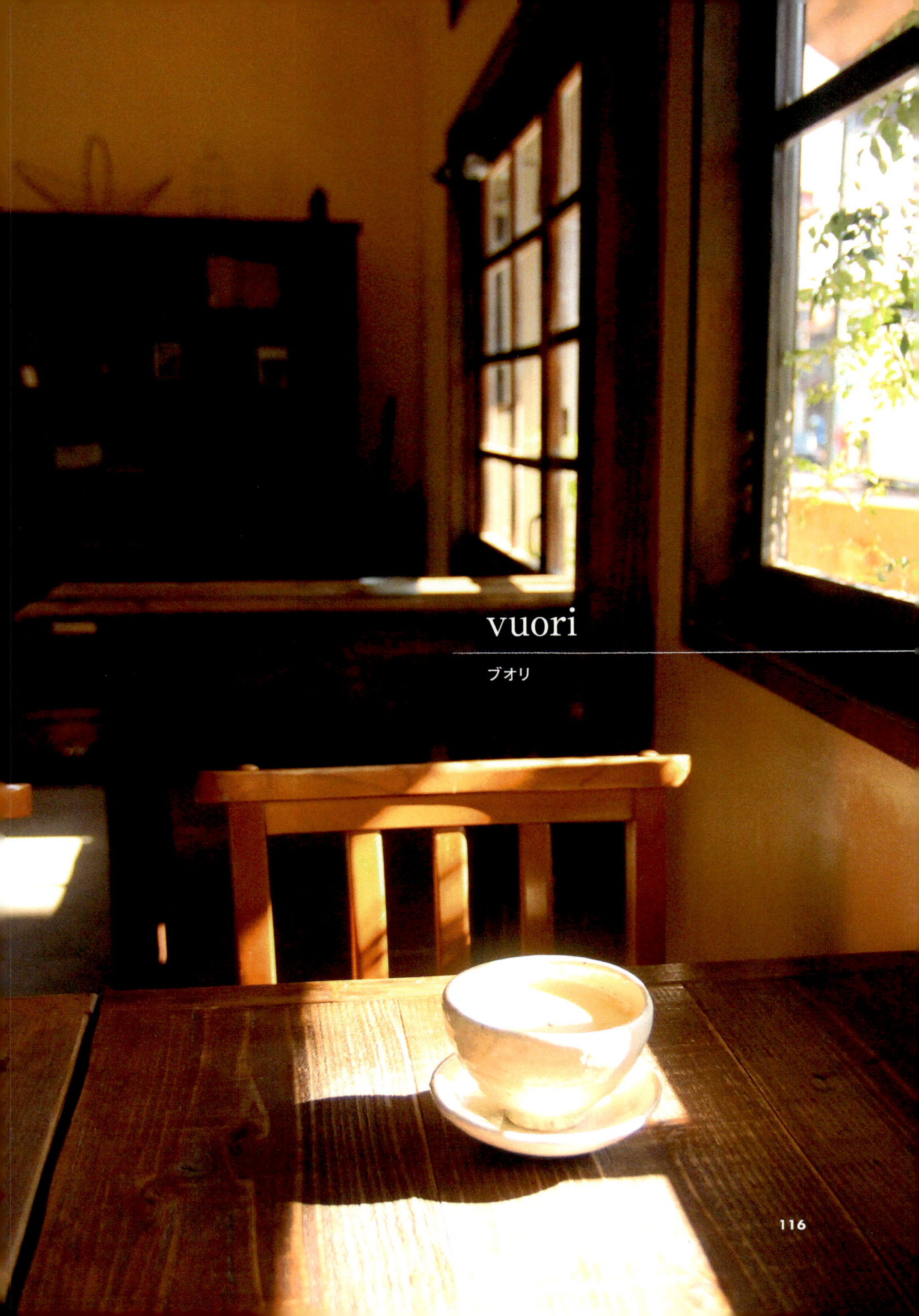

vuori

ブオリ

趣あるその建物の前を通りかかったとき、素通りすることができなかった。ガラスの扉を開けると、柔らかな自然光が降り注ぐ空間に、コンクリートの三和土に白い壁、使い込んだ飴色の木のテーブルと椅子。素朴さが何とも豊かな空気を生み出している。奥には、蜂蜜色のランプに照らされた隠れ家のような空間があり、2階はギャラリーになっていて、日本各地の作家から送られた作品が場に溶け込んで穏やかなエネルギーを放っている。夏休み、祖母の家の屋根裏で見つけた、宝物のようだ。

ここは、岡田清志さんと咲《さ》耶《や》子《こ》さん夫妻のくらしの道具ギャラリーとカフェだ。

「以前は横浜の中心でカフェを開いていましたが、物も心も消費さ

鎌倉の旧倉庫で見つけた
未来を豊かにするヒント

れ続ける都会で生きる人々を癒す場として『何か違う』と感じていました」と咲耶子さん。人の心を温めるものは何なのか。東日本大震災を機にカフェを閉め、車中泊で被災地や日本の各地を巡り、模索し続けた。

「消費し使い倒すのではなく、人の手で生み出したものを大切にする暮らしを提案したい」

各地を巡った二人の想いは、やはりカフェで身を結んだ。海産物の卸問屋の旧倉庫、古いリフトのある空間で二人は再びカフェを開いた。

冬はおしるこ、夏はかき氷など、季節のメニューも充実。欠けた器を修復する金継ぎや門松盆栽などの教室を通して、ものを大切にする心を掘り起こす。時間に追われ

る現代人を季節の食と古き良き暮らしで結び、豊かな未来へと運ぶ。
窓際に座り、ぬくもり溢れる和の器でほうじ茶ラテをいただく。優しい空間と甘みに、心が緩んだ。
ずっとその場所でまったりしたい。そんな気持ちになれるカフェだった。

〒248-0016
神奈川県鎌倉市長谷1-15-1
tel・0467-23-2450
12時～18時30分
休・不定
P・なし
MAP・P141

ネルドリップコーヒー 600円
チャイ 650円
そば粉のガレット塩バターバニラ 700円

Cafe Luonto

カフェ・ルオント

目の前に線路があり、電車が通る時間と光景がこんなに嬉しく感じられるカフェなんて、ほかにはないのではないかと思う。

　鎌倉から江ノ電に乗り、長谷駅のすぐそばにあるカフェ「ルオント」の開放的な窓辺。12分に一度、江ノ電が交差する長谷駅を眺められる、特等席だ。明るく、気持ちの良い空間では昼寝をしてしまう人も少なくないのだとか。

　このカフェの特徴は、その景色と居心地の良さだけではない。コーヒー好きから世界最高水準と評価されるノルウェー発祥の「フグレンコーヒー」、紅茶はNYブルックリン発のオーガニックブレンドティー、「BELLOCQ《ベロック》」のものを仕入れている。フードも、自家製パンと鎌倉野菜を使った

12分に一度やってくる
江ノ電が映る窓辺

スープや、地元肉屋から仕入れたA5ランクの高級牛肉で作り上げたハヤシライス、スイーツやパンはパティシエがこのカフェのために考案したもの。そこにあるすべてのものに抜かりがない。

「僕自身が、カフェが与えてくれる恩恵を誰よりも感じていたから」と語るのは、オーナーの渡辺圭二さん。「ルオント」はもともと自然を意味するフィンランド語で、渡辺さんが経営する翻訳会社の名前でもある。

「茅ヶ崎にオフィスがあった頃、息詰まる度に海辺のカフェに足を運びました。カフェは僕にとってなくてはならない場所だったんです」

行きつけのカフェで出会ったパティシエを支援する形で、カフェ

を出すことになったとき「回転率や利益よりも自分がいつもカフェからもらっていた居心地の良い空間と、おいしいフードを提供したいって思った」というその思いは見事に形になっている。
帰り道、カフェを振り返るとルオントのロゴのそばを江ノ電が通り過ぎていった。

〒248-0016
神奈川県鎌倉市長谷2-11-21
tel・0467-53-8417
10時～18時（季節により変動あり）
休・火曜、不定
P・なし
MAP・P141

ドリップコーヒー 648円
アールグレイ 756円
チーズケーキ 518円
スーププレート 972円

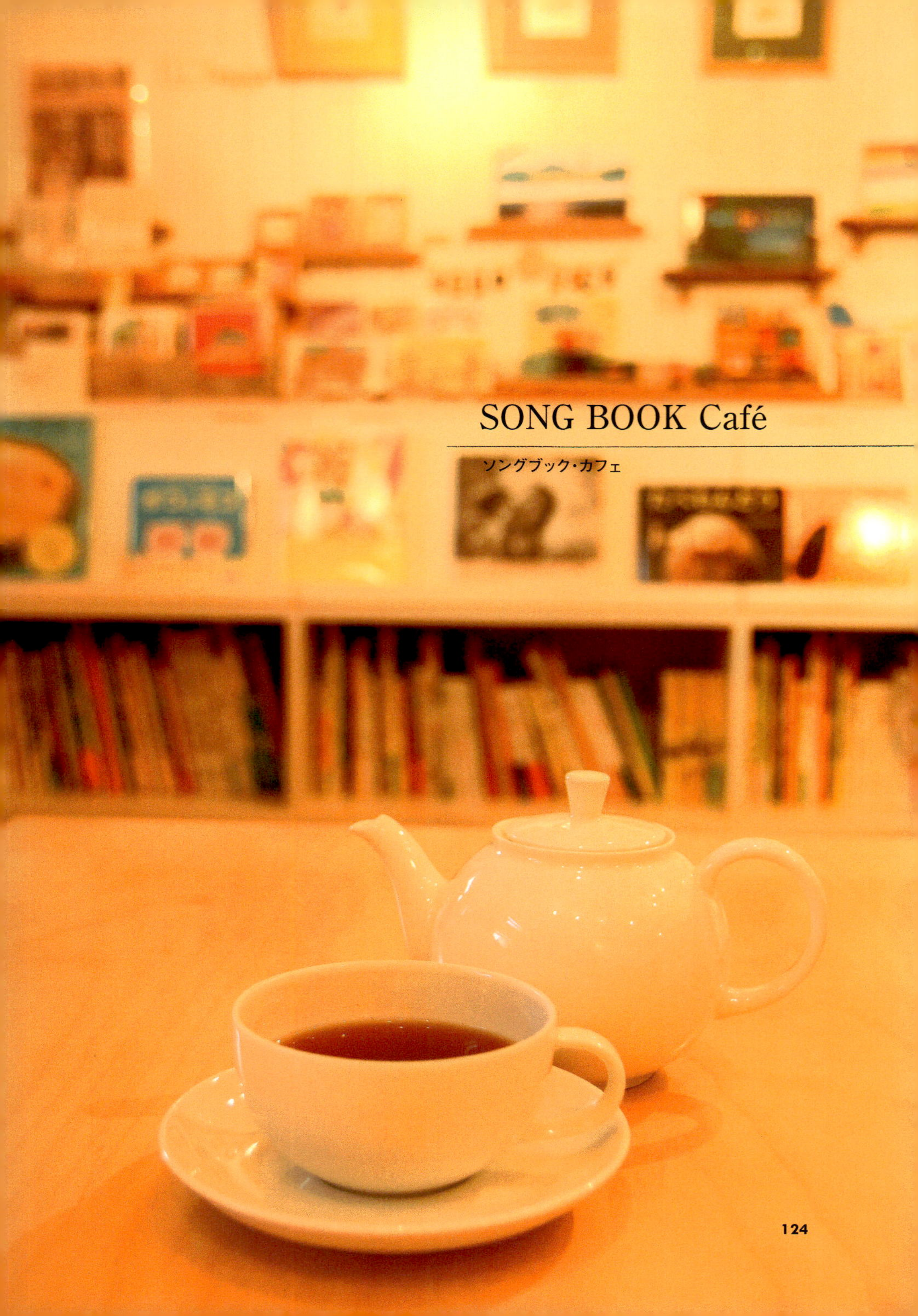

SONG BOOK Café

ソングブック・カフェ

そのドアを開いた瞬間「これはまずいぞ」と思った。そしてその直感は当たっていた。やわらかな橙色の空間が訪れる者の時間を止め、並べられた絵本が、子どもの国へと誘う。ああ、もうこの可愛らしい国から出たくない！

ここは、逗子在住の絵本作家でシンガーソングライターの中川ひろたかさんの作品を集めた小さな絵本カフェ。偶然にも取材した日、打ち合わせに来ていた本人に遭遇。絵本に対する思いを伺った。

「自分もかつて子どもだった。歌って、走って。それこそ、本当の自分なのかもしれない。でも、僕たちは、歌わなくなり、走らなくなり、子どもらしさをどんどん失って大人になる。人間が本来もっていた魅力的な部分、本質を

いつまでも浸っていたい
橙色灯る、子どもの国

もっと見たいと思ったんだよね」

　日本初の男性保育士となった中川さん。子ども心に触れ合うと、表現したいものがどんどん湧いてきた。子どもたちに歌を届けるバンドを結成し、1994年に絵本作家としてデビュー。

「絵本を書くときは、子どもになってる。なっちゃう。そこで、見えること、感じることを書いていくと、子どもは楽しんでくれるし、大人の心にも何か響くものになる」

　橙色の灯りの下で、中川さんの作品を、ゆっくりと時間をかけて読む。自分の中の幼心に語って聞かせるように読んでいくと、日々はシンプルで、小さな喜びにあふれていることに気づく。

「大切なのは、大人も子どもも、

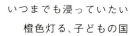

一緒に楽しめること」と、中川さんはにこやかに笑った。
「ソングブックカフェ」は、子どもの国への入り口だ。ただし、夢中になって読みふけり、すっかり時間が経つのを忘れてしまうので、訪れる際は要注意。

〒248-0015
神奈川県鎌倉市笹目町6-6
大栄ビル1F
tel・046-725-0359
11時〜17時
休・火・水曜
P・なし　MAP・P141

ショコラブレンド 486円
アールグレイ 486円
季節のチーズケーキ 432円

SJO COFFEE

エスジェイオーコーヒー

打ちっ放しのコンクリートの建物の窓から伺える、レンガが積まれた店内が気になって、その扉に手をかけた。そこには、ヨーロッパの古い屋敷のような琥珀色の空間が広がっていた。出迎えてくれたのは、ベレー帽のよく似合う焙煎士、大村俊次郎さん。訪れた常連の老婦人の「いつもの」というオーダーで、その場の空気が少しひきしまる。

熱湯ではなく低温のネルドリップで、一滴一滴、集中して淹れていく。雫の音が美しく響く中、果実のように芳しい香りが舞った。苦味のあるコーヒーらしい味わいながらもまろやかで飲みやすい。

「僕が好きな味。そこだけを目指しているんです」という大村さん。たどり着いたのは、コーヒーの味がじっ

心の琴線に触れる雫音
今日もあの隠れ家で

くりと染み出す独自の淹れ方だ。

「コーヒーと、空間と、すべてが合わさってカフェの魅力だから」と、店内の細部に渡って、突き詰めた結果、自身や友人たちによって集められた素材をもとに、手作りで仕上げた。

　コーヒーを楽しむための隠れ家で、あの雫の音が聴ける日は幸せだ。

〒248-0014
神奈川県鎌倉市由比ガ浜2-9-62
フォーラムビル 101
tel・0467-22-3885
11時30分～20時
（土日祝は～19時）
休・木曜
P・なし　MAP・P141

ブレンドコーヒー 500円
カフェラテ 500円
アメリカーノ 450円
カフェモカ 520円

「居心地の良いカフェがあるよ」と友人が連れていってくれたのは、由比ヶ浜の閑静な住宅街に佇む築80年の古民家。見事な日本家屋に広い庭のある蕎麦屋の一角が、小さなカフェとなっていた。美しい緑を蓄えた大木の中にあるテラスの居心地はばつぐんだ。店長は、軽井沢で20年、鎌倉で10年、コーヒーの文化が根付く感度の高い地域で道を極めてきた窪田隆さんだ。

「オールドビーンズをネルで淹れた味わいの、右に出るものはない」

自慢の松原庵ブレンドは窪田さんのオリジナル。豆は世界で唯一オールドビーンズを扱うコクテール堂から取り寄せ、ブラジルにマンデリンを配合した、酸味を抑えたブレンドをネルドリップでまろやかに仕上げる。

追い求めてたどり着く
甘美な雫、緑の庭

サックリとした食感のスコーンにブルーベリージャムを絡める幸せ、清々しい緑豊かなテラスの贅とエイジングコーヒーの味わい。3拍子揃ったカフェでの時間が、今日を特別な日に変えてくれた。

〒248-0014
神奈川県鎌倉市由比ガ浜4-10-3
tel・0467-61-2299
11時〜22時
休・なし
P・3台
MAP・P141

松原庵ブレンド 669円
ニレブレンド 669円
スコーンセット 1231円
松原庵風ガトー・ショコラ 723円

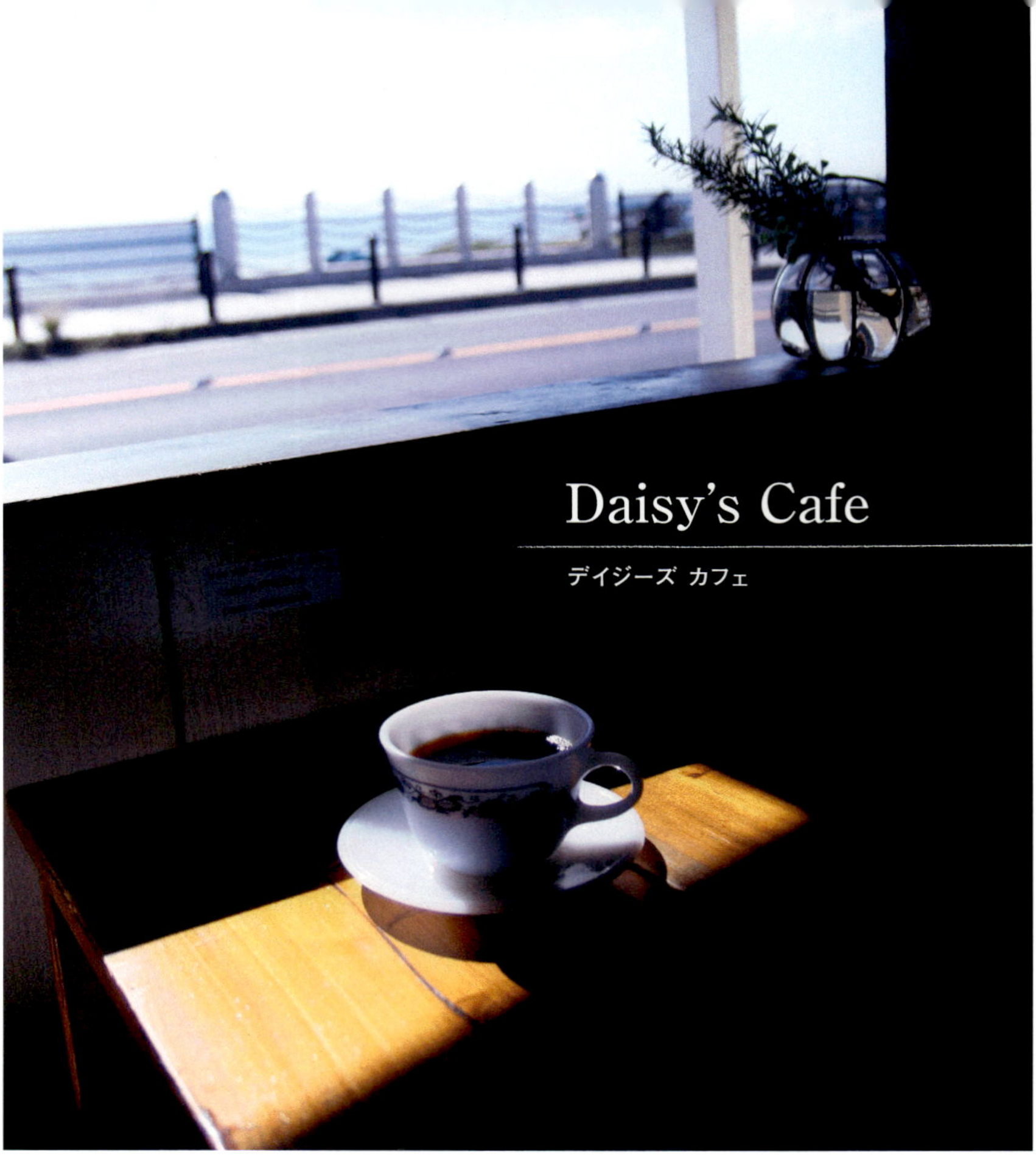

Daisy's Cafe

デイジーズ カフェ

窓際の特等席に座って外を見ると、白い砂浜に辿り着いた波がキラキラと光っていた。浜辺を散歩する人たちを眺めながら、過ごすひととき。心の洗濯とはまさに、この時間のことだと思う。

犬もOKのこのカフェには、地元の人もよく訪れる。夏は昼間からビールを美味しそうに飲みながら、鎌倉のオーシャンビューを堪能する人も。夜はライブやイベントが行われていて、どこか、南国のリゾートで見つけたとっておきのカフェという感じだ。

サンドウィッチなどの軽食から無国籍料理、デザートまで、どれも美味しくいただけるが、オーナーの小坂秀一さん秘伝のジャスミンズライスは、清涼感のあるスパイシーな味わいで、癖になる逸

輝く波と潮風が運んでくる
穏やかな海辺時間

品。

アメリカ西海岸にありそうな空間に流れるちょっと渋いブルース。その先には紺碧の海。オシャレだけれど、素朴で優しい空間。時計を見ずに過ごしたい。

〒248-0016
神奈川県鎌倉市長谷2-8-11
tel・0467-23-9966
11時～21時
休・火曜
P・1台
MAP・P141

イタリアンコーヒー 500円
ジャスミンズライス 930円
鎌倉タコライス 1040円
自家製チーズケーキ 630円

「美大に通っていた頃、夏休みに部屋の片付けをしていたら、祖母の趣味の箱が出てきて……。中にビーズ織りに使うデリカビーズが入ってたんです」

1000色もある美しいビーズたちに魅せられて作品作りに没頭。ニース留学を経て帰国後、個展を開催するまでになり、「作品を見てもらえる場所をつくりたい」とアトリエをオープンさせた。

そのアトリエでふと目に留まったのは、かすみ草のピアス。「かすみ草は、英語でベイビーズブレス、赤ちゃんの吐息っていう意味だと知った時に、つくりたい！と思ったんです」。不思議と、普段アクセサリーを身につけない人でも、馴染んでしまうというこのピアス。「大人の女性の中にひそむ少女性をさりげなく引き出してくれる感じがします」と大嶋さんが愛おしそうにピアスを見つめた。身につけた人の時間が、空間が、輝やきを増す。それが彼女にとって何よりもの喜びなのだ。

現在は、数秘術を独自に解析したコズミックナンバーを確立し、クライアントの運気や資質を高めるオーダーメイドジュエリーの制作も行っている。

Sakuraco∞Lab
サクラコラボ

〒248-0016
神奈川県鎌倉市長谷2-11-15
sakuracosmic@gmail.com
※完全予約制
http://www.sakuracosmic.com/
MAP・P141

かすみ草のピアス
L　11800円
M　6800円
S　4800円
SS　3500円

舞い降りた光の中で生まれる
身につけた人を輝かせるジュエリー

すりガラスの窓から、柔らかな光が、ジュエリーの上に降り注いでいた。幻想的なアトリエで、美しいビーズを基本にしたジュエリーを生み出しているのが大嶋櫻子さんだ。

おわりに

東京に出たい。

山口の田舎で育ったわたしには、昔からそういう思いがあった。

上京してみると、東京の人たちは、都会を存分に楽しんでいるのかと思いきや、田舎や癒し、海を欲しているのだと知った。

人々が向かう先、移住する先が、鎌倉であったり、葉山であったり、逗子であったり。気づくと現在、そのエリアに住む友人が思いのほか多かった。

土の匂いがする場所、海風そよぐ場所……。それは、都心で日々過ごす人たちにとって憧れであり、人間らしく生きるための一つの要素なのだという気がした。

世田谷から横浜に移り住み、2016年に『横浜カフェ散歩』という本を出させていただいた。100軒以上のカフェをリサーチし、50軒にしぼり、取材してまとめた本で、横浜のカフェの持つ魅力を伝えられたように思う。

そして今回さらに足をのばしてまとめたのが『葉山・鎌倉カフェストーリー』。取材開始から3年近い時間を要してできあがった本だ。

葉山、逗子、鎌倉。

景色の移り変わりがそのままカフェの魅力になる不思議なエリアであり、人の心をつかむエネルギーに満ちた町。

高い意識を持って移住した人、昔からこのエリアで生きる人がカフェという場

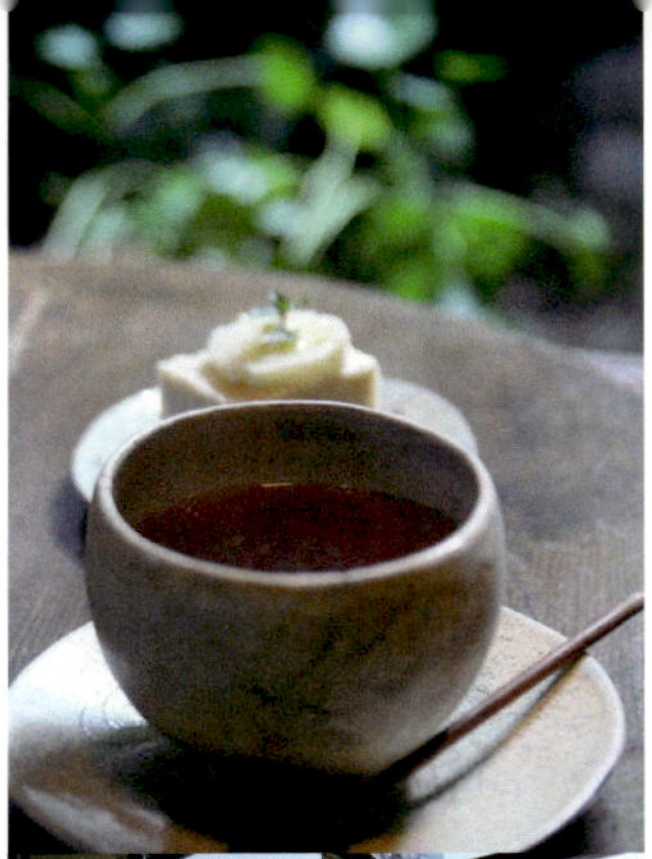

所を媒介にして、新たなドラマを生み出していく。

ただ純粋に、そして優しくて、なのに洗練されている。

カフェの選定や取材など、横浜とはまた別の意味で時間を要してしまい、ご協力いただいたカフェの皆様には多大な迷惑をおかけしたが、一方で多くの方が「出るタイミングがベストなんだよ」と励ましてくださった。本来一軒ずつお礼に参りたいところだが、ここで改めて心からのお礼をお伝えしたい。

また、本を作る機会をくださり、最後まで一緒に走ってくださった編集者の池田雪さん、素敵なデザインでカフェを彩ってくださったデザイナーの川上夏子さん、黒木留実さん、本当にありがとうございました。

この本が、海の町の物語を、読者の元へ運んでくれますように。

２０１８年６月吉日　ＭＡＲＵ

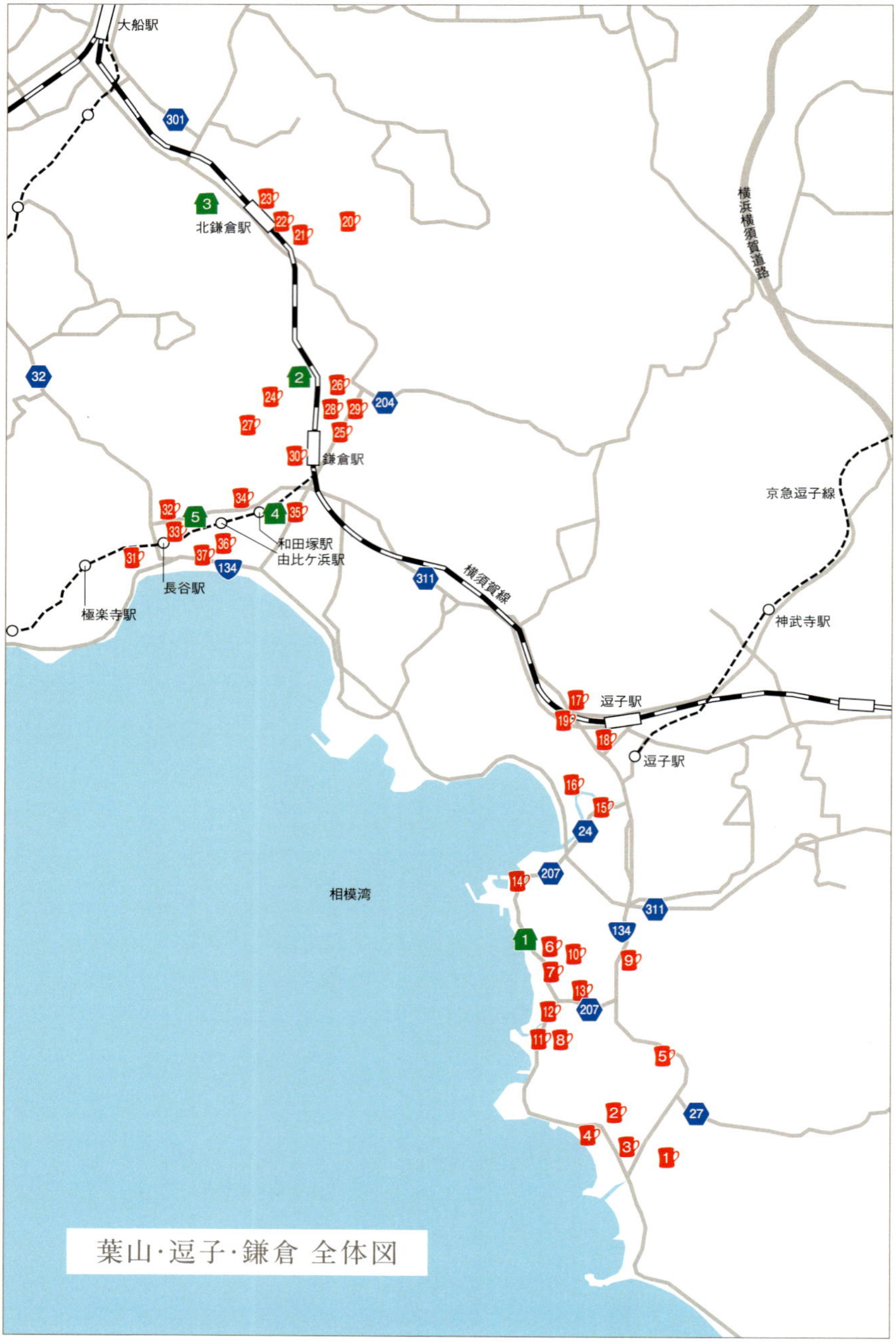
大船駅
北鎌倉駅
鎌倉駅
和田塚駅
由比ケ浜駅
長谷駅
極楽寺駅
横須賀線
横浜横須賀道路
京急逗子線
神武寺駅
逗子駅
逗子駅
相模湾
301
32
204
134
311
24
207
27

葉山·逗子·鎌倉 全体図

葉山町堀内
逗子市郷土資料館
渚橋
207
134
葉山の朝市
葉山ヨットサービス
14 パティスリー ラ・マーレ・ド・チャヤ 葉山本店（P48）
葉山日影茶屋
須賀神社
葉山マリーナ

葉山町堀内
長柄
311
134
長柄小学校
京急葉山交通
9 風早橋ガーデングリルカフェ（P34）
葉山どうぶつ病院
風見橋

葉山町堀内
1 ANIMAL WARNING（P50）
清浄寺
207
HAYAMA せた亭（P38）
10
堀内会館
明照幼稚園
6 The Gazebo（P22）
7 Days 386（P26）
星音（P46）
13
長徳寺
森戸海岸
海水浴場
葉山元町
207
郵便局
もとまちユニオン
横浜銀行
12 cafe nagisa（P44）

葉山町堀内
交番
森戸大明神
森戸茶房
11 陸の家 カラバシ（P42）
8
SODA CAFE（P30）
葉山なごみ荘
デニーズ
207

葉山町堀内
向原
葉山小学校前
葉山小学校
葉山町役場
消防署
5
葉山町役場入口
青少年会館
プリンショップ&カフェ
マーロウ 葉山店（P20）
134

葉山町一色
四季倶楽部
プレーゴ葉山
2 engawa cafe & space（P12）
葉山食堂
一色海水浴場
4
神奈川県立近代美術館
Orange Bleue（P18）
134
葉山しおさい公園
鳴立亭
葉山店（P16）
3
UMIGOYA
BOAT HOUSE
郵便局
葉山のむら
クリニック
1
葉山パッパニーニョ（P8）
207
警察署
葉山御用邸前
葉山御用邸
下山橋

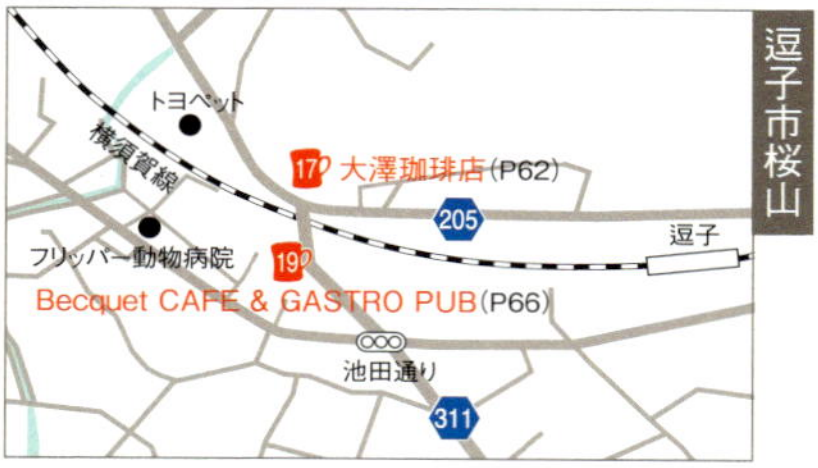
逗子市桜山
トヨペット
横須賀線
17 大澤珈琲店(P62)
205
逗子
フリッパー動物病院
19
Becquet CAFE & GASTRO PUB(P66)
池田通り
311

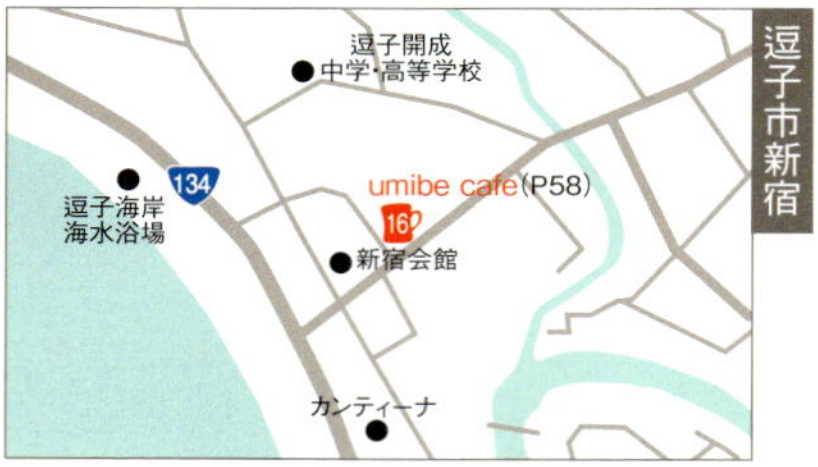
逗子市新宿
逗子開成
中学・高等学校
134
逗子海岸
海水浴場
umibe cafe(P58)
16
新宿会館
カンティーナ

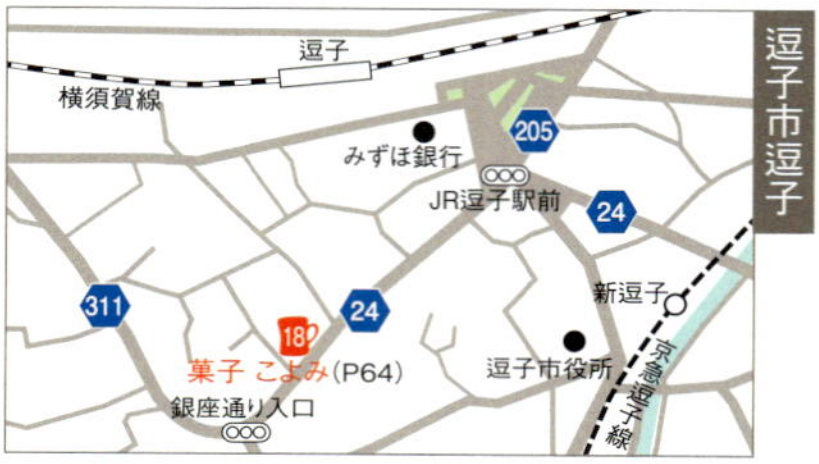
逗子市逗子
逗子
横須賀線
みずほ銀行
205
JR逗子駅前
24
311
新逗子
18
菓子 こよみ(P64)
逗子市役所
京急逗子線
銀座通り入口

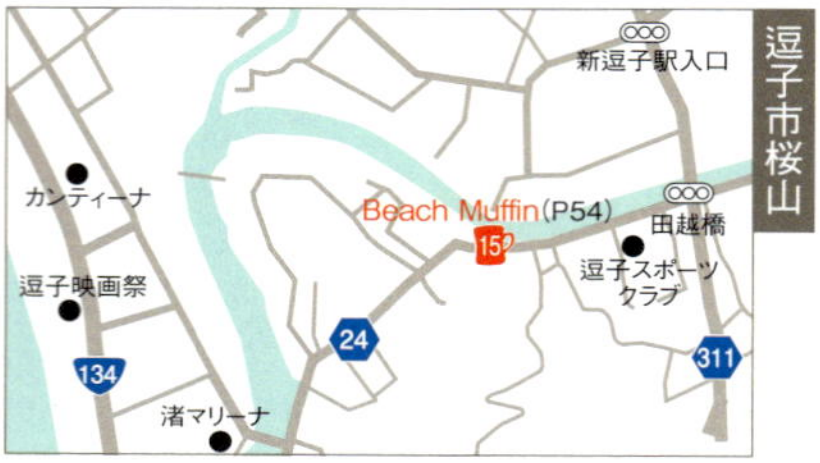
逗子市桜山
新逗子駅入口
カンティーナ
Beach Muffin(P54)
田越橋
15
逗子スポーツ
クラブ
逗子映画祭
24
134
311
渚マリーナ

鎌倉市山ノ内・台
21
横須賀線
光照寺
3 Agasajo(P84)
円覚寺
北鎌倉
門(P82)
23
北鎌倉女子学園
北鎌倉駅前
石かわ珈琲
(P72)
20
北鎌倉古民家
ミュージアム
狸穴Cafe(P80)
22
久和歯科医院
21
葉祥明美術館
東慶寺
明月院
喫茶ミンカ(P76)

鎌倉市佐助

鎌倉市扇ガ谷・小町・御成町

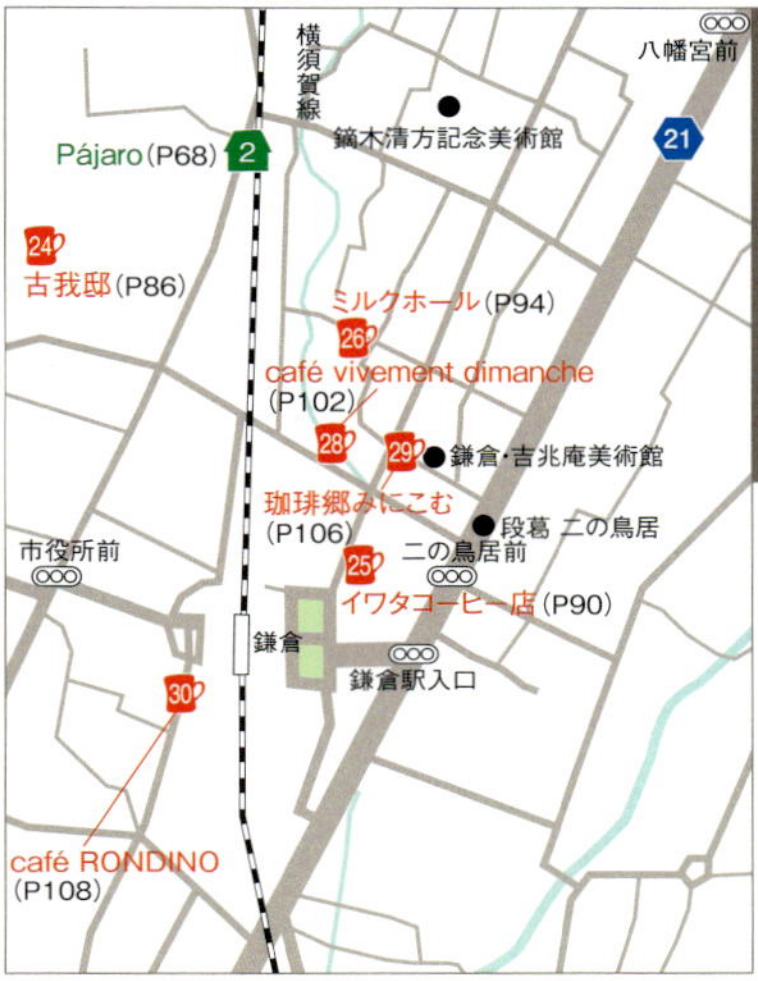

鎌倉市由比ガ浜・笹目町

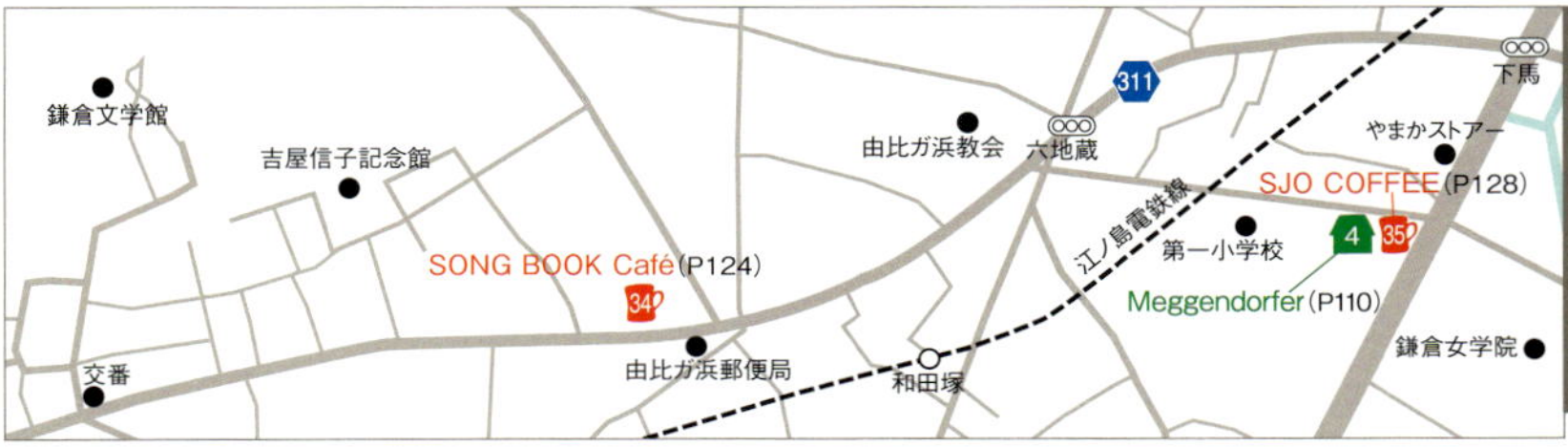

鎌倉市由比ガ浜・長谷・坂ノ下・極楽寺

さくいん

あ行

か行

さ行

た行

は行

ま行

ら行

〈プロフィール〉

MARU（吉村真瑠）

ライター・エディター。1975年生まれ。山口県出身。雑誌、書籍など媒体の種類を問わず「今伝えたいもの」をテーマに企画・執筆・編集。エンタテインメントをはじめ、ビジネスや心理学など取材テーマも多岐に渡る。著書に『横浜カフェ散歩』『博多とロック』（共に書肆侃侃房）などがある。

写真	MARU 押本龍一（P6-7葉山扉、P38-41HAYAMAせた亭、P52-53逗子扉、P70-71鎌倉扉）
写真協力	バハロ（P68上から2番目、4番目） 古我邸（P87左上、P88上、P89上、右下）
ブックデザイン	川上夏子（クワズイモデザインルーム）
DTP・地図	黒木留実（BEING）
編集	池田雪（書肆侃侃房）

※本書の情報は、2018年6月現在のものです。価格は税込の表記です。
発行後に変更になる場合があります。

葉山・鎌倉カフェストーリー

2018年7月13日　第1版第1刷発行

著　者　MARU

発行者　田島安江

発行所　株式会社書肆侃侃房（しょしかんかんぼう）

〒810-0041 福岡市中央区大名2-8-18-501
TEL 092-735-2802　FAX 092-735-2792
http://www.kankanbou.com
info@kankanbou.com

印刷・製本　アロー印刷株式会社

©MARU 2018 Printed in Japan
ISBN978-4-86385-323-2 C0026
落丁・乱丁本は送料小社負担にてお取り替え致します。本書の一部または全部の複写（コピー）・複製・転訳載および磁気などの記録媒体への入力などは、著作権法上での例外を除き、禁じます。

書肆侃侃房のカフェ散歩シリーズ 【全冊共通】A5判、並製、144ページオールカラー 定価:本体1,300円+税

〈関東〉

「東京の森のカフェ」棚沢永子

東京には緑が少ないとよく言われるけれど、そんなことはない。ちょっと目をこらせば身近なところにも自然は意外とたくさんみつけられるに違いない。少し郊外に足をのばして鬱蒼とした森の中を歩き回ったり、またささやかでも緑を大事にしている人たちと話したりするのはとても楽しい。豊かな自然に彩られた、新しい出会いの物語、36話。

ISBN978-4-86385-268-6

「横浜カフェ散歩」MARU

異国情緒漂う横浜を巡り、出合ったカフェたち。そこにあったのは50の物語。40年以上続く純喫茶でタイムトリップし、代官坂のカフェでジブリ映画の世界に浸り、中華街で異国に迷い込み、美しい空間に恋をした。横浜の持つ求心力とエネルギーを感じる一冊。きっともっとこの街が好きになる。

ISBN978-4-86385-198-6

「千葉の海カフェ」沼尻亙司

三方を海に囲まれた房総半島の風土と、店主の暮らしぶりが一体となったカフェの数々。本書では、海の気配が心地良く漂う千葉県の個性豊かな「海カフェ」35軒を紹介。港町のカフェで見かけた地元客の日常のリズム、店主との何気ない会話の後に眺めた、水平線に沈む夕日……。最東端の銚子からサーファーに人気の九十九里海岸、太平洋が広がる外房、南国の光が弾ける南房総、そして東京湾に臨む内房まで、その美しい瞬間を求めて、海カフェの旅は始まります。

ISBN978-4-86385-196-2

〈関西・中国・四国〉

「山口カフェ散歩」國本愛

瀬戸内のゆったり島時間と美味しい魚介、九州との玄関口・関門海峡、世界遺産の萩城下町、カルスト台地と鍾乳洞、昔ながらの温泉郷……。魅力いっぱいの各地域に点在する、個性溢れるカフェや喫茶50店。

ISBN978-4-86385-206-8

「岡山カフェ散歩」川井豊子

メインストリートから路地裏、棚田から海辺まで、やりたいことを形にした岡山のカフェ50店。カフェとの出合いは、様々な人とストーリーとの出会いの予感。

ISBN978-4-86385-181-8

「兵庫カフェ散歩」／「広島カフェ散歩」／
「愛媛カフェ散歩」

〈九州・沖縄〉

「長崎カフェ散歩」坂井恵子

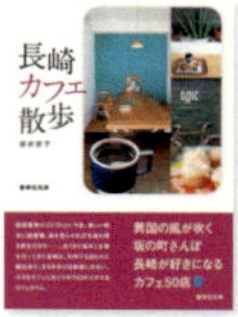

路面電車、美しい教会に眼鏡橋、名城も残る歴史のまち。古くから海外と交易を行ってきた長崎を歩けば坂道に出合い、小さなカフェにめぐり合う。思い出を添える50のカフェタイム。

ISBN978-4-86385-170-2

「沖縄カフェ散歩」高橋玲子

美しい海を一望する南部、変貌を続ける那覇、基地と共存するチャンプルー文化の中部、リゾートとやんばるの森の北部。沖縄本島の南から北まで、愛するカフェと一期一会のひととき。

ISBN978-4-86385-163-4

「熊本カフェ散歩」／「熊本の海カフェ山カフェ」／
「福岡カフェ散歩」／「佐賀カフェ散歩」／
「鹿児島カフェ散歩」／「大分カフェ散歩」／
「宮崎カフェ散歩」／「北九州カフェ散歩」